全媒体营销教程

QUANMEITI
YINGXIAO JIAOCHENG

全媒体专业教材编委会　编
湖北省网络视听协会　组编

华中科技大学出版社
http://press.hust.edu.cn
中国·武汉

图书在版编目（CIP）数据

全媒体营销教程 / 全媒体专业教材编委会编；湖北省网络视听协会组编 . -- 武汉：华中科技大学出版社，2024.1

ISBN 978-7-5680-9604-1

Ⅰ. ①全… Ⅱ. ①全… ②湖… Ⅲ. ①网络营销—教材 Ⅳ. ① F713.365.2

中国国家版本馆 CIP 数据核字（2024）第 017013 号

全媒体营销教程　　　　　　　　　　　　　　　　　　　全媒体专业教材编委会　编
Quanmeiti Yingxiao Jiaocheng　　　　　　　　　　　　 湖北省网络视听协会　组编

策划编辑：曾　光

责任编辑：白　慧

封面设计：小徐书装

责任监印：朱　玢

出版发行：华中科技大学出版社（中国·武汉）　　电话：（027）81321913
　　　　　武汉市东湖新技术开发区华工科技园　　邮编：430223

印　　刷：武汉市科华包装印刷有限公司

开　　本：787mm×1092mm　1/16

印　　张：11.75

字　　数：211 千字

版　　次：2024 年 1 月第 1 版第 1 次印刷

定　　价：49.00 元

本书若有印装质量问题，请向出版社营销中心调换
全国免费服务热线：400-6679-118　竭诚为您服务
版权所有　侵权必究

全媒体专业教材编委会

总 顾 问：罗建辉　于慈珂　岑　卓　沈　涛　王瀚东
顾　　问：姜公映　王正中　邓秀松　何志武　代志武　郭小平
　　　　　曾　光
编委主任：沈　涛　陈志义　阮　瑞
编　　委（按姓氏笔画）：
　　　　　丁兰兰　万君堂　王　娟　王　婷　王　鹤　王世勇
　　　　　王兆楠　冉　军　代志武　代媛媛　朱永胜　向　东
　　　　　刘立成　刘蓓蕾　闫　萍　许翠兰　阮　瑞　孙喜杰
　　　　　李　华　李汉桥　吴俊超　吴海燕　岑　卓　邹旭化
　　　　　沈　涛　张　冲　张　静　张凌云　陈　威　陈　瑛
　　　　　陈志义　范文琼　林庆明　易柯明　周泯君　屈定琴
　　　　　洪　维　秦　贻　徐志清　席　静　黄　亮　黄　磊
　　　　　常志良　斛玉娟　望海军　董松岩
总 主 编：陈志义　吴俊超
本册主编：陈志义
副 主 编：张凌云

序　言

无处不在无人不用的全媒体

二十世纪初期以来，"全媒体"一词被国内外学者、媒体从业者广泛传播与应用。大批研究者就全媒体在网络科技与新闻信息传播、媒介运营管理等方面的理论和应用展开了研究，但对其概念的界定尚未形成统一认识。"全媒体"一词源自美国的MSO公司，涉及报纸、杂志、电台、电视、网站等多种媒体类型。结合国内外业界、学界对"全媒体"概念的研究，我们可以将全媒体概括为泛媒体化的媒介形态，把其定义为：全媒体是在信息通信技术和媒介数字化智能化的推动下，综合运用文字、图片、音频、视频等媒介资源，整合各类生产要素，融合形成的形态多样、互动便捷、传播立体的媒体形态。

一、全媒体发展历程

1994年，中国正式接入国际互联网，部分民众通过拨号上网方式获取网站资讯。其后几年，网络媒体以其海量讯息和互动交流的特色获得用户青睐。伴随着互联网的广泛运用，逐步出现了网络视听节目，虽然受网络传输速度的影响，观看体验不佳，但这种图文＋视频的网络新媒体形态仍然得到了越来越多人的认可。全媒体的发展大致经历了以下三个阶段。

（一）2G网络时代，视频网站媒体形态登上历史舞台

进入新千年后，很多互联网公司试水网络视频播放业务，例如新浪、搜

狐、网易、互联星空等，由于网络点播卡顿，视频消费以下载到本地观看为主。2005年2月15日，美国视频网站YouTube上线，以视频分享服务作为其运营定位，受到全球网民追捧，迅速发展为影响力甚广的视频网站，其运营模式被中国视频网站广为借鉴。

在此前后，国内的土豆网、56网、PPTV、PPS网络电视、酷6网、优酷网等视频网站相继出现，并确立了各自发展的侧重点。土豆网、56网主要定位为视频分享，视频内容以用户上传为主。PPS网络电视、PPTV则运用P2P技术定位为网络电视客户端。酷6网聚焦用户生成内容模式，内容涵盖影视节目及自拍网播剧等。优酷网借鉴YouTube的视频分享模式，打造"快速播放、快速发布、快速搜索"的平台特性。

以上各大视频网站的发展侧重点虽然不同，但不管是采用视频分享模式还是作为网络视频客户端，这些视频网站大多没有自行生产内容的能力，所播放的网络视听节目的主要来源依然是电视台的节目和其他一些影视作品。在此阶段，这些网站通常采取的方式是对视频进行拆条、二次加工后于电脑端播放。借助网络的即时性、传播速度快、受众年轻化等特点，广播电视节目得以扩大受众群体，延伸传播路径。

（二）3G网络时代，视频制作大众化、普及化

随着网络传输效率快速提升，各类网络视频平台如雨后春笋般涌现出来，如暴风影音、腾讯视频、爱奇艺等。通过网络下载或在线观看视听节目，成为当时公众新的、普遍的娱乐方式，成为上网用户使用最多的服务之一。

2007年8月8日，北京奥运会倒计时一周年，优酷网借此契机正式揭幕"优酷狂拍客！中国一日24小时主题接力"主题活动。优酷网在视频行业首次提出"拍客无处不在"的理念，提倡每个人都当拍客，通过参与活动的拍客达人们的精彩演绎，充分彰显"拍客视频时代"的标签内涵。此类活动也推动了网络视听节目草根化、大众化，为更多人所接受。

这一阶段，随着摄像机的小型化，数码摄像机在家庭普及，越来越多的人化身为拍客，将所摄制的视频上传至网络平台。民众由网络视听节目的观看者

转换为主动制作者、参与者,这使得网络视听节目的受众群体进一步扩大,网络新媒体内容更接地气。

(三)4G/5G 网络时代,视频传播移动化、碎片化

网络通信技术的发展催生了智能手机的迅速普及,2013年底,TD-LTE牌照发放至三大网络运营商,开启4G网络商用时代。2014年始,4G智能手机、平板电脑及各类APP得到广泛运用,使得网络视听节目更加深入大众生活。

2020年5G通信技术落地推广,5G手机及智能可视设备再次发力,视频平台多样化,网络直播风靡一时,短视频爆火。人们通过各种移动终端移动观看各种视频,各类媒体平台呈现出数量海量化、内容精品化、时长碎片化、观影移动化等特点。这一阶段,抖音、快手、爱奇艺、腾讯视频、bilibili、斗鱼等全民参与的视频终端平台繁荣发展。

总的来说,网络视听节目的发展受生产力发展水平、科学技术水平,尤其是信息通信技术水平的制约和影响,在不同阶段呈现不同发展趋势和特点,并推动各类媒体融合发展。网络新媒体从移植报刊文章、电视节目、影视剧转变到成为人们创作、表达的工具,活跃的网络视听节目用户则实现了从"看客""拍客"到"自媒体"的角色转换。人们在纸媒、广播、电视、户外电子屏、网络新媒体等汇集而成的"信息塔"式全媒体矩阵中自由遨游。

二、全媒体的未来发展

5G时代的传输技术推动全媒体长足发展,新的发展趋势将颠覆现有媒体使用方式,带来沉浸式体验和场景化、便利化的交互方式,甚至可能出现以非语言或触摸指令进行传播的媒体新模式,摆脱终端屏幕的束缚,传播资源也会愈加丰富。在个性化需求彰显的时代,传播者需要以一种不同于传统行为主义、功能主义的新思路来思考消费者的个性特征与主观心态。

"推动媒体融合发展、建设全媒体成为我们面临的一项紧迫课题。"2019年1月25日上午,习近平总书记在主持中共中央政治局集体学习时强调,要做大做强主流舆论,巩固全党全国人民团结奋斗的共同思想基础,为实现"两

个一百年"奋斗目标、实现中华民族伟大复兴的中国梦提供强大精神力量和舆论支持。

全媒体不断发展，出现了全程媒体、全息媒体、全员媒体、全效媒体，信息无处不在、无所不及、无人不用，使得舆论生态、媒体格局、传播方式发生深刻变化，新闻舆论工作面临新的挑战。

为使主流媒体具有更加强大的传播力、引导力、影响力、公信力，形成网上网下同心圆，使全体人民在理想信念、价值理念、道德观念上紧紧团结在一起，让正能量更强劲、主旋律更高昂，加快推动媒体融合发展，形成形态多样、互动便捷、传播立体的全媒体，是我国传媒业界、学界需要研究和实践的重要任务。

（一）全媒体融合发展是趋势和规律

坚持导向为魂、移动为先、内容为王、创新为要，在体制机制、政策措施、流程管理、人才技术等方面加快融合步伐，建立融合传播矩阵，打造融合产品。要坚持一体化发展方向，加快从相加阶段迈向相融阶段，通过流程优化、平台再造，实现各种媒介资源、生产要素有效整合，实现信息内容、技术应用、平台终端、管理手段共融互通，催化融合质变，放大一体效能，打造一批具有强大影响力、竞争力的新型主流媒体。

（二）推动全媒体向纵深发展

融合发展全媒体不仅仅是新闻单位的事，还要把新闻单位、科技企业、政府部门所掌握的社会思想文化公共资源、社会治理大数据、政策制定权的制度优势转化为巩固壮大主流思想舆论的综合优势。首先，做好顶层设计，打造新型传播平台，建成新型主流媒体，扩大主流价值影响力版图，让党的声音传得更开、传得更广、传得更深入。其次，全媒体传播要在法治轨道上运行，对传统媒体和新兴媒体实行一个标准、一体管理。再次，主流媒体要承担正确引导社会舆论的主体责任，准确及时发布新闻消息，为其他合规的媒体提供新闻信息来源，要全面提升技术治网能力和水平，规范数据资源利用，防范大数据等新技术带来的风险。

（三）全媒体发展需要深入开展理论研究和实践探索

党的二十大报告指出，加强全媒体传播体系建设，塑造主流舆论新格局。进入新发展阶段，全媒体纵深发展需要在实践形式、创新手段和传播方式上寻求突破，在全媒体时代做强主流、占据主导，牢牢掌握舆论场上的主动权、话语权，贯彻新的发展理念，构建新的发展格局。要想在多元中立主导、在多样中谋共识、在多变中把方向，更好地发挥舆论压舱石、社会黏合剂、价值风向标的作用，让正能量更强劲、主旋律更高昂，需要深入开展理论研究和实践探索，进一步推动全媒体传播力、引导力、影响力、公信力再上新台阶。

结合湖北省高校众多、学者云集的优势，湖北省网络视听协会联合高校学者和知名文化传媒专家，编写了这套全媒体专业教材。教材包括《全媒体运营教程》《全媒体营销教程》《全媒体信息审核教程》《全媒体动画片基础教程》《网络视听内容创作教程》。

本套全媒体专业教材涉及全媒体运营、视频制作、信息审核、动画片基础、直播带货等内容，教材中列举了经典案例与名师评析，指导高校培养全媒体人才，提升在校大学生的知识水平及实践能力，服务大学生就业创业，服务整个全媒体行业。

陈志义　吴俊超

2023 年 3 月

目　录

第一章　全媒体直播营销的概述 ... 1
第一节　全媒体直播的含义及特征 ... 1
第二节　网络直播的发展历程 ... 6
第三节　网络直播平台类型 ... 8
思考题 ... 13

第二章　网络直播的受众分析 ... 14
第一节　网络直播受众的概述 ... 14
第二节　网络直播受众的消费动机 ... 16
第三节　网络直播受众的心理特征 ... 18
第四节　网络直播受众的消费需求 ... 20
思考题 ... 22

第三章　全媒体直播营销模式 ... 23
第一节　泛娱乐直播营销 ... 23
第二节　竞技游戏直播营销 ... 31
第三节　全媒体的其他营销模式 ... 34
思考题 ... 39

第四章　全媒体直播营销的设施设备 ... 40
第一节　全媒体直播营销的技术原理 ... 40
第二节　直播硬件的选择与调试 ... 50
第三节　直播软件的选择与运用 ... 54
第四节　直播间的场景装饰 ... 66
思考题 ... 71

第五章　全媒体直播营销策略 ... 72
第一节　全媒体直播营销的技巧 ... 72

第二节　主播的化妆技巧 ··· 76
   第三节　主播的服装穿搭技巧 ·· 82
   第四节　直播中肢体语言运用技巧 ·· 86
   第五节　直播间留人的技巧 ··· 94
   第六节　粉丝运营与管理 ·· 100
   思考题 ·· 105

第六章　电商直播营销实务 ·· 106
   第一节　电商直播市场调研 ·· 106
   第二节　直播平台的类别和特点 ··· 108
   第三节　电商直播的选品与售后 ··· 110
   第四节　电商直播私域流量转化 ··· 114
   第五节　电商直播平台的选择 ··· 117
   思考题 ·· 121

第七章　全媒体营销运营管理 ··· 122
   第一节　网络主播的挖掘与培养 ··· 122
   第二节　全媒体直播营销的策划 ··· 128
   思考题 ·· 134

   第八章　全媒体直播营销的政策法规 ····································· 135
   第一节　国家的支持、鼓励与引导 ······································ 135
   第二节　直播行业组织的积极自律 ······································ 137
   第三节　网络直播从业者相关规范 ······································ 140
   思考题 ·· 143

附录 ··· 144
   互联网视听节目服务管理规定 ·· 144
   互联网直播服务管理规定 ··· 151
   网络直播营销管理办法（试行） ··· 154
   网络表演经营活动管理办法 ·· 159
   网络直播和短视频营销平台自律公约 ···································· 163
   网络音视频信息服务管理规定 ·· 167

参考文献 ·· 170

后记 ·· 175

第一章 全媒体直播营销的概述

【目标】

通过本章的学习，学生应理解全媒体直播的含义，明确全媒体直播的主要特征，并学会辨析全媒体直播相关概念；了解全媒体直播的发展历程，并熟悉当下主流的直播平台及其类型，建立起对全媒体直播的初步认识，为后续深入学习奠定基础。

第一节 全媒体直播的含义及特征

一、全媒体直播的含义

在新媒体不断涌现的传播生态下，电视台、电台等传统媒体受限于自身资金、人才和技术的制约，再加上激烈的市场竞争，使传统媒体在直播领域的生存空间备受挤压。在此环境下，为凸显传统媒体贴近本土、贴近观众的特色，传统直播与新媒体的各种新技术、渠道、数据分析、创意策划等进行有效融合，形成一种新生态下的直播——全媒体直播。

全媒体直播是指将现有的报纸、广播、电视等传统媒体，与新媒体时代下的互联网科技技术有机组合成一种多维的立体式报道平台，用更高效且生动的方式进行现场直播。全媒体直播的过程中，充分使用新技术、新手段，运用手机、广播、电视、微博、微信、新闻客户端等同步播出，多种传播技术的融合运用，产生集约效应，提升传播效能。新媒体时代下，互联网技术的发展给媒介传播带来更多便捷，网络直播逐渐成为一种新兴的高互动性娱乐方式，相比论坛、贴吧、微信、微博，网络直播更具有视听感染力。

网络直播是基于网络流媒体技术，在电脑、手机等终端设备上使用有线或无线联网进行信息传递，通过电脑网页和客户端等，将现场信息以文字、语音、图像、视频、弹幕等多媒体形式展现出来的传播方式。它突破了电视直播专业机构制作，向用户单向传递信息的模式，赋予大众开展实时直播和在直播中互动的能力，使用户从内容接收者转变为内容参与者。

网络直播这种传播方式吸取和延续了互联网的优势，利用互联网的直观、快速、表现形式多样、内容丰富、交互性强、地域不受限制、受众可划分等特点，加强活动现场的推广效果。

网络直播起源于广播直播和电视直播，在网络时代，直播开始不断发展壮大。从"电台直播—电视直播—网站直播—手机直播"，网络直播成为非常迅猛的文化态势。网络直播的形式有视频直播、互动直播以及网络多媒体直播等。网络直播的信息源一方面来自传统媒介的图文推送，另一方面来自网民自身通过自媒体进行的网络直播。

二、全媒体直播概念的辨析

随着数字技术与网络传播技术的迅猛发展，全媒体直播的形式和渠道变得多样化和全面化，传统的电视、广播直播紧随新媒体的步伐开始变革，传统媒介的直播从原来的电视、电台平台扩大到手机客户端、网络平台等，但由于各媒体平台受众不一致以及内容开发单一，这种简单的内容迁移目前处于一种多平台的融合期，还需要进一步探索与改进。当然，在全媒体时代的今天，传统的电视直播、电台直播并没有消失，反而在改变中重构传播模式，探索出一种与传统传媒有所差异的直播方式。

（一）直播与录播、转播的区别

时间的固定性是直播与录播的主要区别之一。直播是边播边看，其中时间的延迟很小；录播是指对声音、图像、视频等数字信号记录在一定载体中，需要时再进行播放。简而言之，直播属于现在进行时，录播属于过去进行时。

直播与转播的区别在于其信号是否来源于拍摄地。直播的信号由拍摄地传入电视台，而转播是指广播电台或电视台播送别的电台或电视台的节目，就范围而言，直播包含实时转播。

（二）网络直播与电台直播、电视直播

网络直播与电台直播、电视直播的相同点在于三者都属于实时播出的方式。

传输内容及传输载体不同是网络直播与电台直播的主要区别，网络直播的运输载体属于互联网，其传输内容包括数字信号；电台直播的传输内容主要是广播的呼号、频率、功率，运输载体是无线电信号。后者的运营需要经过严格的审批，而且会受到许多技术条件的制约，如信号范围、发射塔等。

网络直播与电视直播的主要区别在于两点：一是是否利用互联网作为传输载体；二是在准入机制上是否有严格的要求。对于网络直播而言，其用互联网作为传播载体，对于进行直播的一方没有特殊要求；对电视直播而言，其载体主要是电视台，在准入机制上有严格要求，例如从业资格、相关证件和审核机制。

（三）网络直播与视频通话

网络直播与视频通话既有共性又有区别，其相似之处在于：二者都是采用流媒体技术对声音、图像、视频进行传播，但就其受众而言，网络直播的范围更广，不局限于一个圈子，或一对一、一对多的形式之内，直播方为特定的，受众是不确定的；对于视频通话，一般局限于一定社交圈，视频通话的主体均为特定人员。

三、网络直播的基本特征

网络直播的出现不仅是技术的革新，更是一种深层次的社会文化的改变，对人类生活的各个方面产生影响，包括社交活动、创造活动、消费活动和学习活动等。网络直播在为人们带来便利的同时，也为舆情监管带来了新的困难和挑战。由于资本的趋利性和缺乏规范化的法律管制，网络直播产业乱象横生，阻碍着这个新兴产业进一步深化发展。

（一）门槛低、适应性强

网络直播给普通人提供了一个展示的机会，通过直播平台，人们可以进行个人视频内容的生产，并且迅速变现。进入网络直播的门槛很低，普通人只要在相关直播平台注册一个账号，就可以成为一名网络主播，不需要专业的媒介素养，只需要拥有一台移动视频设备，掌握基本的互联网操作技术，就可以进行视频内容的生产。

网络直播的内容可以没有脚本策划，也不需要提前彩排，完全是主播的自然发挥，基本涵盖社会生活的方方面面，从工作到学习再到休闲娱乐，甚至睡觉都可以成为直播的内容。网络直播直接打破了原来主流电视媒体的垄断，人人都有麦克风和摄像头，主题内容广泛，人人创造内容，人人可以因此而获得满足。

由于网络直播的准入门槛低，网络群体获得和交换信息的成本降低，传播资源得以重新分配，信息内容生产与消费链的上下游主体逐渐融合，两者间的对立逐渐消失，传统意义上被动的媒介消费者和信息接收者，都有机会在信息传播过程中变成主动的信息分享者与传播者。网络直播让普通大众也能掌握话语权，从沉默的大多数变成了公共事务的积极参与者，无形间增强了公民的参与意识。

此外，网络直播提高了信息的可接受度。视听化程度的提高、传播形式的便捷性和传播语言的通俗化降低了信息接收者的门槛，跳出了学历、认知水平、社会阶层的限制，使得信息能更自由、通畅地流动。

（二）互动性强

驱动人们参与网络活动的是更深层次的社会心理需求，弹幕、打赏等网络直播特有的双向在线互动形式打破了传统媒体的信息单向传播形式。网络直播的互动性和反馈及时性，将信息传播的受众与主持人紧密地结合在了一起。

直播文化实质上是一种参与式文化，受众在信息产业生产链中的地位从原本单一的消费者变成信息活动的创造者、消费者和传播者。通过互动的过程，主播与观众不断地进行信息流的交换和反馈，告别了传统信息传播体系中的传播与接收的机械关系，逐渐转变为"陪伴与分享"的平等关系，满足了受众对即时性社交的期待及心理需求，极大地增加了观众的满足感、参与感和获得感。

网络直播的直接性传播优势体现了信息在传播过程中无须转述，减少了信息损耗，增强了信息的可信度，保证了观众能获得最真实的体验，并且实时的信息传递能最大限度地缩短直播现场和观众之间的距离，让观众仿佛置身于直播现场，从而积极地参与互动。美国学者施拉姆强调，传播是信息和信息反馈的双向循环过程。如今观众已经不满足于单向地、被动地接收信息，更倾向于主动地诠释信息、评判信息。

传统电视直播的传播模式基本上是单向的，直播时无实时互动、交流反馈环节。网络直播刚好打破了这一限制，点赞、评论、弹幕、打赏等参与方式的出现，连接了观众和网络主播，营造出了一个虚拟的现场，让所有人实时在场。观众在观看视频内容的同时，随时随地通过点赞、评论、打赏等形式表达自己的意见和态度。主播在展现自我的同时，特别强调与观众的实时互动，并通过互动过程获得实时反馈，从而实现信息的高效传播。

（三）强 IP 属性

IP 是知识产权的简称。主播具有很强的 IP 属性，在用户心智中形成了独特的标签，更是一种情感的寄托。无论是商业领袖、明星、网红，还是带货主播，都具有很强的IP属性。在IP盛行的年代，主播的自身价值被深度挖掘，其商业价值早已被市场肯定，主播成了一个行走的IP。对于主播们来说，如果不能打造个人IP，未来就只有被淘汰这一条路。

主播IP群的线上共振，用优质的内容和主播的专业魅力实现线上、线下互相引流，在扩大独立个体影响力的同时，将线下节目及机构的影响力和品牌价值发挥到极致。主播的IP价值还体现在商业变现能力方面，目前主播IP的商业变现有内容变现、流量分成、电商橱窗、直播带货等诸多方式，但目前多数媒体对IP资源的商业变现打造步伐并不统一，对众多IP资源也无法实现集中管理，在一定程度上造成了优质IP资源的浪费。

由此，在当下全媒体深度发展的环境下，依托互联网技术与平台，加快整合机构和主播的IP资源，最终实现IP、品牌主、流量平台交易通道的打通，是将直播平台原有时段资源进行IP化升级再造、极致发挥主播IP价值的重要方略之一。

（四）商业化

网络主播一方面在直播时推销自己或合作的电商店铺，吸引粉丝下单购物，从而利用电商具有的直接变现能力，将粉丝转化为购买力；另一方面鼓励粉丝给自己刷礼物，换取言语奖励、房间管理员权限等对应的奖励。

网络直播的包罗性使得直播内容日趋多样化，日常生活、才艺表演、电子竞技、知识付费、推销产品等内容层出不穷，形成了以兴趣为导向的交叉圈层，直播产业逐渐渗透到其他行业中，为"直播+商业"的形成奠定了基础。网络直播因其便捷性、互动性等特点，展现出巨大的商业价值，不少电商平台推出分区直播招揽消费者，通过直播的形式实现非顾客和潜在顾客向现实消费者的转变。不同于传统的输出式广告，产品展示者全方位、多角度地介绍产品，在沉浸式传播过程中，消费者通过观看试用了解产品的功能，提出问题，而非停留在网页浏览的简单了解方式上。此外，主播可以联动各大移动社交平台，有效提高产品的销量。

随着网络直播产业的快速发展，在市场经济的环境下，资本大量注入，各相关主体竞相进入直播市场，个别企业的逐利性也凸显出来，在市场监管体系不完善的条件下，网络直播产业生态秩序存在失调的风险。

（五）泛娱乐化

社会泛娱乐化的发展趋势，为网络直播的发展提供了文化土壤。正因如此，网络直播的内容、形式都以娱乐化的方式呈现，纯粹为了满足公众的娱乐追求。如今相当多的网络直播都绕不开聊天、唱歌和跳舞等内容，主播为了在一大批同质性的内容中脱颖而出，吸引更多的围观者，踩着法律法规的底线，播出低俗、庸俗等不文明内容的现象屡见不鲜。

观众们在网络直播间窥视这些大尺度、低俗的不文明内容，不仅不会产生道德上的负罪感，反而会用更多的"打赏"来鼓励主播。因此从某种意义上说，是观众的窥私欲驱动直播内容向低俗化方向发展。网络直播从出现发展至今，网络直播的主播们充分体现了娱乐精神。不论是在早间兴起的秀场、游戏解说中，还是在新兴的直播带货、演唱会直播中，主播选择的直播内容都带有娱乐因素，能让观众体会到快乐。

为了吸引更多的观众打赏，一度出现过网络主播以色情、暧昧的内容作为卖点的现象。比如，主播在直播间换衣服、裸露隐私部位等不文明的现象层出不穷。虽然在有关部门三令五申的情况下，直播中的色情内容有所减少，但各种暧昧的行为与语言依然是悬在网络直播行业头上的"达摩克利斯之剑"。与女主播相比，男主播在直播中更容易说脏话，形成语言暴力。特别是在电子竞技游戏直播中，部分知名主播不仅在挑衅对手时爆粗口，在被粉丝指出自己的缺点后也会恼羞成怒，出口成"脏"。

第二节　网络直播的发展历程

一、直播 1.0 时代——PC 端秀场直播时代

从 2005 年开始，各大视频网站展开流量大战。其中"六间房""9158"以美女主播为卖点，发展出秀场直播聊天室。而"YY"从语音软件进军秀场直播领域，开创了公会模式下的"网红"流水线。

2010 年，"六间房"转型为签约主播的秀场模式。在那个时代，尽管智能手机逐渐走向普及，4G 技术开始萌芽，但 PC 端仍然占据了大部分用户的碎片化时间。

二、直播 2.0 时代——游戏直播和移动直播时代

（一）游戏直播

2014 年，"YY"剥离游戏直播业务，成立虎牙直播，斗鱼直播从 ACFUN 独立出来。2015 年，龙珠直播和熊猫直播通过抢占赛事资源、挖掘人气主播等方式快速抢占市场。

为何把这个阶段单独分成"游戏直播时代"呢？一是因为此阶段的电竞赛事频繁；二是相比其他领域的直播来讲，游戏直播的用户黏性更高，而且游戏直播的时效性和观赏性更强。不过在这个阶段，随着手机直播的萌芽，PC 端的用户数量已经呈下降趋势，更多的用户流向了以手机为主的移动平台。

（二）移动直播

2014 年以后，映客直播、花椒直播、易直播等移动平台的加入，使得网络视频直播系统的应用场景更加多元化。由于科技的不断发展和应用技术的提高，网络直播中"游戏直播"一家独大的格局被打破，"泛娱乐直播"慢慢显现出来，且逐渐成为直播市场的发展趋势。

直播内容与形式的变化，意味着直播市场的商业模式也发生了变化，盈利模式也随之改变。

三、直播 3.0 时代——VR 直播时代

VR 直播时代的存在时间比较短，属于"昙花一现"的直播时代。VR 技术的兴起给直播行业的发展带来了便利。以微鲸科技为代表的一些科技公司力推 VR 体育直播。同年，花椒直播在北京某次车展直播中融入了 VR 技术。

VR 直播的优点比较明显，其拥有沉浸式体验，不但可以提升用户兴趣，还可以提高互动效果。但 VR 直播的缺陷也同样明显，一是无论是在开发还是使用上，技术成本都比较高；二是有部分用户无法适应 VR 技术可能带来的"眩晕感"，而且这部分用户的量级还不能忽视。此外，大部分主流直播平台还没开通端口，导致很多 VR 直播无法开设，所以 VR 直播最终没能普及。

四、直播 4.0 时代——"直播 + 短视频"时代

直播 4.0 时代是现在我们所处的时代，网络视频直播系统进入全新的发展环节，除了传统直播平台外，还有以快手和抖音为代表的移动端短视频平台，开始

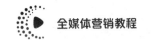

发展直播业务。

游戏直播领域开始大力发展虚拟主播和"云游戏"业务，用于进一步提高用户黏性。一对一直播的兴起，为越来越多的直播用户提供了私密空间，也使主播的入驻门槛更低，还让更多的行业看到了额外的道路（一对一辅导、一对一财经直播间等）。直播的形式可谓百花齐放，这也是未来网络视频直播系统的重点发展方向。

第三节　网络直播平台类型

一、电商类

电商直播是指线下的实体店卖家通过网络直播平台或直播软件来推销自己的商品，使客户在了解商品各项性能的同时购买自己的商品或服务。

电商直播系统是在各个电商开通直播功能之后，帮助商家通过直播的方式实现线上售货的系统。与传统娱乐型直播不同的是，它主要用于电商平台，例如京东直播、淘宝直播等平台，给卖家使用的线上直播权限就属于电商直播的范畴。

网络直播吸取和延续了互联网的优势，利用视讯方式进行网上直播，可以将产品展示、相关会议、背景介绍、方案测评、网上调查、对话访谈、在线培训等内容发布到互联网上，利用互联网的直观、快速、表现形式多样、内容丰富、交互性强、地域不受限制、受众可划分等特点，加强活动现场的推广效果。电商类直播平台主要有以下几种。

（一）抖音、快手："短视频引流"+直播

抖音是短视频领域的领跑者。抖音直播与抖音短视频相结合，利用了短视频的高曝光率和带货能力，为商家提供了更多商机。用户使用抖音直播通常是为了消遣而非购物，他们刷视频和看直播往往只是为了娱乐。尽管如此，如果主播的表现优秀并且商品能够吸引用户，即使之前没有购物需求的用户也会在直播间下单购买。此外，抖音直播拥有丰富的合作资源，可以与电商平台、品牌合作推出更多类型的活动，为直播创造更多商机，增加收入。

快手直播定位三四线城市，或以中产阶级人群为主要客户群体，商户以个体

第一章　全媒体直播营销的概述

户为主，商品以土特产、手工艺品、家庭日用品等为主。如果说抖音主打公域流量，那么快手的私域流量更明显。对于快手平台来说，真实是条件，信任是基础，内容是社交颗粒，人是社交营销要素，只要价格有优势，东西就容易卖出去。快手直播采用的就是这样一种基于"老铁"关系的"人和内容"的社交营销模式。

（二）淘宝、京东："电商运营"+直播

淘宝直播自2016年上线以来就成为带货的主要方式之一，天猫商家从对"货"的运营全面转向对"人"的运营，本质上是针对私域流量的运营。淘宝直播的价格优势也为知名的网络直播博主带来新的商机。

2018年，淘宝直播月增速达350%，直播带货突破1000亿。2019年更是出现了一大批头部主播，"双十一"全天淘宝直播成交额近200亿元，其中亿元直播间就超过10个。

京东APP首页的核心导购频道也是新零售时代下兴起的新型消费购物场景。京东本身是网络电商平台，这让京东直播成为各大品牌店铺互动营销、高效促转的制胜法宝。2020年，京东大力推广扶持入驻的直播商家，为商家提供了大量的流量扶持。

（三）微信："社群交互"+直播

微信平台针对直播的功能推出"看点直播"小程序和H5内嵌形式，这是一款基于私域流量的直播运营工具，其优点很多，例如与微信生态高度融合，支持微信客户端观看，朋友圈、微信群分享。

二、游戏类

游戏类直播平台主要有以下几种。

（一）映客直播

2016年6月17日，腾讯应用宝发布"星APP"5月榜，映客直播成功上榜。同年11月，映客直播荣登2016中国泛娱乐指数盛典"中国文娱创新企业榜TOP30"。2018年7月12日，映客直播正式在港交所挂牌交易，成为港交所娱乐直播第一股。

（二）YY直播

YY直播原隶属于欢聚时代YY娱乐事业部，是国内网络视频娱乐直播行业的

奠基者。YY直播是一个包含音乐、科技、户外、体育、游戏等内容的全民娱乐直播平台，平台注册用户达到10亿人，月度活跃用户达到1.22亿。

（三）斗鱼直播

斗鱼直播即斗鱼TV，是一家弹幕式直播分享网站，为用户提供视频直播和赛事直播服务。斗鱼TV隶属于武汉斗鱼网络科技有限公司，是国内直播分享网站中的佼佼者。斗鱼TV的前身为ACFUN生放送直播，于2014年1月1日起正式更名为斗鱼TV。斗鱼TV以游戏直播为主，涵盖了娱乐、综艺、体育、户外等多种直播内容。

（四）龙珠直播

龙珠直播是由苏州游视网络科技有限公司打造的国内综合游戏直播平台。龙珠直播背靠电竞团队PLU，与腾讯游戏、游戏风云、NICETV等海内外游戏、电竞企业有深度战略合作，拥有英雄联盟职业联赛（LPL）、穿越火线职业联盟电视联赛（CFPL）等超过30余款游戏顶级赛事的直播权。

（五）虎牙直播

虎牙直播是以游戏直播为主营业务的弹幕式直播互动平台，涵盖娱乐、综艺、教育、户外、体育等多种直播内容。

三、教育类

教育类直播是教育机构或有教育资源的企业在互联网上注册一个域名，教师或教育类主播在这个域名上开设自己的直播间，在直播间内通过导播设备为学生进行实时教学直播。此域名即教育直播平台，它主要由直播输入端、直播输出端和管理后台组成。

教育直播平台界面的呈现方式分为网页形式、客户端形式和APP形式。无论哪种形式，界面的结构都大体相似。平台界面大致可以分为三个区域：屏幕区、输入区和输出区。屏幕区占据界面的大部分区域，用来显示教师的教学过程；输入区的作用是让学生发表自己的评论或对教师进行"打赏"等；输出区则用来显示学生发表的一些评论或其他信息。

教育类直播平台主要有以下几种。

（一）腾讯课堂

腾讯课堂是腾讯公司推出的专业在线教育平台，聚合大量优质教育机构和名师，下设职业培训、公务员考试等众多在线学习精品课程，打造老师在线教学、学生及时互动的课堂。

（二）云朵课堂

云朵课堂是北京昱新科技有限公司在2016年发布的一款教学类APP，是为教育机构、企业、老师和个人提供包括直播、录播、考试、题库、互动、问答、学员管理等功能的在线视频教学软件。

（三）荔枝微课

荔枝微课隶属于深圳十方融海科技有限公司，是一个免费使用的在线教育平台，每个人都可以在平台随时随地开课分享，也可以听课学习。该平台支持零门槛开课，支持微信公众号、APP和电脑多种方式听课，拥有语音、图片、PPT、视频、音频等多种讲课模式。荔枝微课的内容丰富多样，包含自我成长、情感关系、职场提升、投资理财、育儿教育等各个方面，帮助学员轻松实现自我提升。荔枝微课的开课模式主要有以下两种。

直播课：语音+图文互动直播，支持PPT和视频课件，可与学员互动。

录播课（需在PC端操作）：上传录制好的音频、视频，配上图文展示，不可与学员互动。

（四）短书

短书属于南京厚建云计算有限公司旗下产品，是专为教育和内容工作者提供SaaS技术服务的平台，帮助包括K12、早幼教、兴趣教育、STEAM、认知教育等领域的教培机构完成各项服务。

短书在技术方面率先积极探索"AI+教育"的解决方案，在业务上深入在线教育的每个核心领域，旨在打造好用、高效、专业的在线教育解决方案。短书支持图文音频专栏、语音直播、视频直播讲解；支持流媒体实时直播，可将现场画面实时传输给用户（可在APP、HTML5、网页等多端展现）；支持OBS远程录屏直播，通过PC端录屏，移动端实时直播的流媒体服务，适合软件培训、需要分享屏幕的线上教育。

四、泛娱乐类

泛娱乐指的是基于互联网与移动互联网的多领域共生，打造明星IP的"粉丝"经济，其核心是IP，可以是一个故事、一个角色，或者其他任何大量用户喜爱的事物。

泛娱乐的概念最早由腾讯公司提出。腾讯互娱在腾讯游戏的基础上，相继推出腾讯动漫、腾讯文学、腾讯影业、腾讯电竞等几大业务平台。目前已基本构建了一个打通游戏、文学、动漫、影视、戏剧等多种文创领域的互动娱乐新生态。

2014年,"泛娱乐"一词被文化部(现文化和旅游部)、新闻出版广电总局(现国家广播电视总局)等中央部委的行业报告收录并重点提及。同年,小米、华谊、阿里数娱、百度文学、艺动、通耀、360等企业纷纷将泛娱乐产业作为公司战略大力推进。在移动互联网技术的发展与平台的推动下,内容生产者和粉丝之间的黏性与互动第一次达到了不间断、无边界的状态。

2017年,泛娱乐已成为文化领域最受关注的商业模式。以腾讯为例,它已从科技公司变成科技与文化公司,并陆续完成互联网与游戏、动漫、文学、影视、音乐等文化领域的布局。这种以泛娱乐为代表的互联网文化,是文化发展的一个新亮点。

在互联网时代,文化产品的连接融合现象明显。游戏、文学、动漫、影视、音乐、戏剧不再孤立发展,而是可以协同打造同一个明星IP,构建一个知识产权新生态。泛娱乐直播平台是指主要业务为传播泛娱乐直播内容,并提供用户与主播进行实时互动功能的平台,其直播的主要内容在于观众和主播的交流互动,带有较强的情感色彩与社交属性。

(一)泛娱乐的价值链

1. 泛娱乐是产业融合的现象

产业融合是由于产业交叉、产业渗透和产业整合所形成的产业边界模糊或消失的产业发展现象。娱乐产业的融合主要体现在现代数字技术基础上传统产业之间的融合,现代信息平台基础上新兴业态的发展与融合,现代技术手段基础上文艺表演等各种文化表现形式之间的融合。

2. 泛娱乐是网状价值链的整合

娱乐产业是文化创意产业的一部分,具有一定的文化内涵。将创意作为产业发展的核心,在信息技术的带动下,娱乐产业采用现代视觉、影像、语音等技术与传统产业跨界合作,形成新的娱乐形态,产业的数字化趋势也越来越明显。另外,这类产业十分重视版权,注重保护无形创意成果,并将其作为产业发展的关键,因此各产业之间联系日益增强,形成了娱乐产业分工与协作的网状产业链结构。

3. 泛娱乐的线性价值链

从纵向的产业功能分工角度来看,技术研发与应用、文化创意产品的制作与传播、衍生品的制作与推广等环节,同样具有价值增值功能,它们从产品或服务运作的逻辑过程考察产业增值,表现为娱乐产业的线性价值链,涉及技术研发、策划、生产制作、市场营销等环节。推动各环节的有效链接，关键环节是技术集成、内容制作、产品运营以及版权贸易。

（二）泛娱乐的发展模式

以移动互联网为核心的新科技浪潮彻底改变了我们娱乐的方式，不仅大幅地降低了人们的娱乐门槛，也前所未有地提升了娱乐生活的比重。当人们可以在任何时间、任何地点进行阅读、听歌、观影和游戏时，生活就是娱乐，娱乐就是生活，两者之间的界限开始被全面打破。

互联网产业的蓬勃发展，推动了以网络游戏、网络文学、短视频、音乐、影视剧、动漫和数字出版物等为主题内容的数字娱乐产业突飞猛进的发展，同时也使得泛娱乐的模式丰富化。

泛娱乐的发展主要有两种类型的延伸形态：一是成功推出一种优秀的娱乐产品形态后，通过跨媒介的符号组合，向其他多种形态的产品、领域延伸；二是数字娱乐形象品牌通过品牌授权机制从无形价值形态向其他有形产业形态延伸，从而把形象品牌的象征价值和商业价值最大化。

思考题

一、什么是全媒体直播营销？
二、全媒体直播与录播、电视直播、网络直播的区别与联系是什么？
三、全媒体直播具有哪些显著的特征？
四、从直播 1.0 时代到直播 4.0 时代经历了怎样的发展历程？
五、当下主要的直播平台有哪些类型？各自的特点是怎样的？
六、举例谈谈你对某个直播平台的了解。

第二章 网络直播的受众分析

【目标】

通过本章的学习，学生应了解网络直播受众群体的规模、构成及人口统计学特征，进一步明确网络直播受众群体的心理特征、消费动机及消费需求；掌握网络直播受众群体的行为特征及规律，构建起较为清晰的网络直播受众群体的画像。

第一节 网络直播受众的概述

2020年，新冠疫情带来的"宅经济"不但丰富了直播电商的入局主体，还丰富了直播电商的新业态。在防疫隔离的外在压力下，直播技术的改造与升级导致传统行业加速了数字化转型。不仅在传统电商业态已发展得比较成熟的快消品行业开始转型做直播，房地产、汽车、大家电等传统大宗商品的交易也开始进入直播间，直播电商在各行业"全面开花"。

截至2020年3月，中国网络直播用户规模达5.6亿人，其中直播电商用户规模约为2.7亿人，即约一半（48.2%）的直播用户都有电商购买行为。2020年以来，网络直播用户规模激增，调查显示，有近三成受访者几乎每天都看带货直播。经数据分析可知，经过几年的市场检验，特别是受到疫情影响，直播电商的接受度明显提高，成为用户网购的重要组成部分。

图2-1所示为2016年12月至2020年3月中国直播电商行业消费用户数据分析图。

第二章 网络直播的受众分析

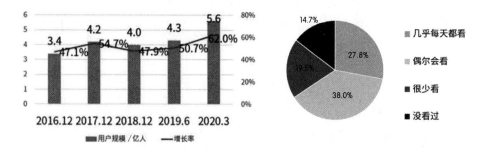

图 2-1 中国直播电商行业消费用户数据分析图

一、受众人群分析

艾媒咨询数据显示，选择通过网络直播渠道购物的用户中，男性用户比例为 58%，高于女性用户 42% 的占比，其中"80 后""90 后"是购物主力军，占比总和超过 80%。值得注意的是，数据显示直播电商购物的用户主要分布在一、二线城市，二线城市以 42% 的占比领先。可见直播电商有利于带动二、三线及以下城市的经济发展。

二、直播受众特征

（一）性别特征

男性用户是秀场直播、游戏直播的绝对主力，全民直播对女性用户较有吸引力，直播的各个领域均以男性用户为主。相关调查数据显示，秀场直播和游戏直播中的男性用户占到了 75% 以上，相对而言，女性用户更偏爱全民直播。如果说秀场直播满足了男性用户的审美需求，全民直播则迎合了女性用户对娱乐的需求。

（二）年龄特征

"90 后"热衷于游戏直播，30 岁以上用户更加偏好电视、赛事直播。各个直播领域中，30 岁以下的用户均占到五成以上，游戏直播中的"90 后"用户接近八成。

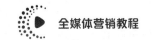

（三）地域特征

从互联网调查数据看，游戏直播用户多半来自省会城市，县级用户更偏好电视、赛事直播。半数以上的直播用户集中于一、二线城市，其中游戏直播和全民直播的用户在一、二线城市占比超过六成。而乡镇、农村人口以老年人居多，其对直播并不十分感兴趣。

（四）学历特征

游戏直播用户学历偏高，秀场直播用户学历偏低。游戏直播和全民直播用户中，大专及以上学历的超过50%；秀场直播用户中，高中及以下学历用户占比七成以上。从移动互联网用户的学历结构来看，本科及硕士以上学历的用户更偏好游戏直播，大专学历的用户更偏好全民直播。

（五）职业特征

学生占据了游戏直播市场半壁江山，其他直播领域的用户也以学生和自由职业者居多，自由支配时间较多使其有更多闲暇来观看直播。相关调查数据显示，白领用户更偏好电视、赛事直播，工人、服务行业人员更偏好秀场直播。

（六）收入特征

直播用户整体收入偏低，高收入用户偏好电视、赛事直播。直播用户主要为低收入群体，其中，半数以上游戏直播用户收入相对较低，这与游戏直播用户以学生群体为主有关，而高收入用户更偏好电视、赛事直播及全民直播。

第二节　网络直播受众的消费动机

马斯洛的需求层次理论指出，人的需求层次从低到高分为生理的需求、安全的需求、爱与归属的需求、自尊的需求、自我实现的需求。当相对较低层次的需求得到满足后，人们就开始转向更高层次的需求。网络直播就满足了受众不同的心理需求。

一、满足娱乐需求

网络直播受众的娱乐需求比较强，他们希望在直播间找到快乐和乐趣。在这种需求的驱动下，用户愿意进行消费。此外，网络直播平台为个人娱乐提供了广阔的空间，普通的受众可以通过平台进行自我展示。有些受众为了满足自己的表达欲望，吸引人的眼球，通过各种方式建构自己的个性化话语系统，创造出草根化的语言表达方式，将"草根艺术"展现给大众。

二、随性化的满足

网络直播平台打破了传统媒体的线性传播模式，可以充分利用受众的碎片化时间。只要拥有一台智能手机，有移动互联网的覆盖，你就能随时随地享受即点即看、快慢可调的视频化信息服务。

从空间上来说，人们在户外的时间占业余时间很大一部分，而移动通信技术的发展使得受众可随处接收直播平台直播的内容；从时间上来说，传统的线性接收模式被打破，受众可以根据自己的时间表更加随性地接收直播平台的信息。

三、满足参与和分享的欲望

网络直播的互动参与主要表现在两个方面：一方面是粉丝与主播之间的互动，另一方面是粉丝与粉丝之间的互动。这种互动主要表现在网站的弹幕文化的兴起，用户可以把自己的感受通过字幕的形式实时投放在原视频画面之中，从而形成被用户"再创作"的视频内容。弹幕这种新鲜的互动方式既连接了粉丝与主播的关系，又连接了粉丝与粉丝的关系。因此受众在观看直播时不仅能享受传播内容的快感，还能够享受互动参与的快感；受众也更愿意把自己感兴趣的视频分享到自己的QQ空间、微博、微信，同时能享受分享的快感。

四、个性化需求的满足

由于直播平台直播领域较为垂直，每一种直播类型都有相对应的受众，例如游戏直播对应的受众为游戏玩家，美女主播的才艺直播对应的受众为单身男性，美容直播对应的受众为年轻女性等。网络直播受众可以在众多的直播信息中找到适合自己的内容。受众与主播建立联系后，用户的黏性是非常高的。因此网络直播的分众化特征更能满足受众的个性化需求。

五、对猎奇心理的满足

从网络直播市场来看,游戏直播与秀场直播独占鳌头。"两性话题""私密话题"等极具刺激性的话题元素成为网络直播的主要卖点与主播引流的手段。有些主播为了达到"涨粉"的目的,甚至通过语言刺激、不雅装扮等手段来迎合观众,并依靠这些元素博取受众的眼球,激发受众的窥私欲和猎奇心理。就目前来看,国内直播平台的同质化比较严重,传播内容同样呈现出同质化、低俗化等现象,而知识型、专业型直播相对较少,直播内容的缺失也成为网络直播发展的短板。

第三节 网络直播受众的心理特征

2015年以来,我国的网络直播平台遍地开花,如小咖秀、斗鱼TV、抖音和虎牙等。中国互联网络信息中心发布第50次《中国互联网络发展状况统计报告》,其中展示了很多有意思的数据:截至2022年6月,我国网民规模达10.51亿,互联网普及率达74.4%,网民人均每周上网29.5小时,而这些网民使用手机上网的比例达99.6%。智能手机与移动互联网的发展,让手机上网比例以绝对的优势领先。

该报告还显示,截至2022年6月,我国短视频的用户规模增长最为明显,达到9.62亿,占网民整体的91.5%,而这些网民的年龄主要集中在20~35岁。通过问卷调查发现,这些网民因为受到各种心理特征的影响而沉迷网络直播。网络直播的受众多是没有生活压力的人群,如在校学生、经济宽裕的自由职业者,他们往往闲暇时间较多,利用网络直播来打发时间。

从某种程度来说,网络直播平台主播的素质往往与其受众群体相切合,因为主播播放的内容是受众群体想要看到的。通过对受众行为进行分析,可以总结出网络直播受众群体的一些共同的心理特征。

一、满足心理

在网络直播平台中,直播内容各种各样,可以满足受众各方面的需求,特别明显的是明星直播间和电竞直播间。明星直播间不仅使粉丝更加了解明星的生活,还拉近了粉丝与明星之间的距离,弥补了粉丝在现实生活中不能与明星互动的遗憾。同时,粉丝购买各种虚拟礼物,如"鲜花、钻石、汽车"等,不仅满足了"偶像崇拜"的心理需求,还满足了自己的虚荣心,这同时也是一种拜物心理的体现。

满足心理广义上也包含了满足消费的心理。受众大手笔地在直播平台购买虚拟礼物，之后赠送给自己认同的主播，这种网络消费，满足了受众者的消费心理，是一种对压抑情绪的不正确宣泄。在电竞直播间，受众通过观看游戏直播找到志同道合的伙伴，这是认同心理的体现。俗话说独乐乐不如众乐乐，电竞行业的直播会吸引很多喜欢电竞的玩家，他们往往很自然地聚在一起，互相比拼礼物等，这体现了满足心理。

满足心理是一种普遍的心理特征，它促进了网络直播的盛行。

二、认同心理

认同心理是由个体对组织目标的认同而产生的一种心理状态，这一心理状态可产生肯定性的情感，成为客观目标的驱动力。认同心理也被认为是一种投射心理，《社会心理科学》杂志刊发的一篇文章表明，在互联网经济的作用下，有53.2%的受众群体因为具有认同心理而沉迷网络直播，而且在对沉迷网络直播原因的调查中，"观看与自己具有某方面相似性的主播的直播"这一选项的被选率高达90%。

由此可见，认同心理是促使群众观看直播的一个非常重要的因素。在网络直播中，寻求认同心理是一种构建主体的主要方式，包括利用相似的背景、经历、职业等共同点建立起主播和受众之间的桥梁。不难发现，某明星直播间的受众群体基本都是该明星的粉丝，粉丝们都喜欢该明星、认同该明星；电竞直播间的受众群体往往是跟主播使用同一个游戏角色或者同一年龄阶层的群众，这都是认同心理的体现。

最后需要说明的是，受众群体不仅会从主播身上寻找认同感和相似性，直播的内容也起到很重要的作用，受众群体往往会将直播内容投射到自己的生活中，在其中寻求对日常生活的共同认知和理解，这同样是认同心理的体现。

三、拜物心理

"拜物"这个词最早用于宗教批判，后来被马克思借鉴，在批判资本主义视角下提出商品、货币、资本三重拜物心理。如今，拜物是指人们对物质消费的过度追求与崇拜，将物质财富作为评价个人价值和幸福感的标准。随着我国的经济发展和人民生活水平的提高，各种奢侈品不断走进人们视野。许多经营奢侈品牌的商家利用各种媒体进行宣传，向公众营造一种"丰裕"的表面现象，将琳琅满目的商品毫不保留地展现在人们面前，诱惑民众购买，造成民众的购买力远远超

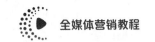

出了实际需求以及个人能力的范围,这是一种严重的过度消费心理。

各个网络平台很好地利用了拜物心理,打造出了各式各样脱离现实的虚拟礼物,比如数字火箭、钻石、游艇和豪宅等。这些虚拟商品的出现使消费者获得了心理上的满足。根据网络平台的打赏数据统计,往往虚拟礼物越脱离实际、越豪华,网络直播的受众越广泛,数量越庞大。用户可以购买各种虚拟商品来打赏主播,这种打赏行为不仅满足了受众的拜物心理,还容易让人沦陷上瘾,营造了一种崇尚奢靡生活的不良风气。

四、视觉心理

视觉心理主要是指外界影像通过视觉器官引起的心理机理反应,是一个由外在向内在的过程。这一过程比较复杂,因为外界影像丰富,内心心理机能复杂,两者在相互连接并发生转化时建立起了千丝万缕的联系,因此不同的人不同的影像、相同的人相同的影像,以及不同的人相同的影像和相同的人不同的影像引起的心理反应是不同的。

综合视觉心理的定义可知,任何形式与概念的关系都可以引起人们对事物的认识,当我们看到一个不熟悉的东西时,只要在适当的范围内能反映出形象与概念的关系,我们就能有认识这件事物的能力。网络直播往往是主播和受众通过面对面的方式进行互动,这种具有强烈视觉效应的互动方式极大地满足了受众的视觉心理。

《社会心理科学》杂志刊发的互联网形态心理学研究文章显示,有85%以上的消费者认为,网络直播平台的视频内容比其他视频资源更加可信和真实,更适合娱乐和消遣。网络直播与图片、文字相比,更加真实、直接,更具有视觉冲击力,这大大地提升了受众的参与度。

第四节 网络直播受众的消费需求

一、受众的需求是动力

随着生产力的不断发展和中国经济的迅速增长,人们的生活质量不断提高,人们的消费支出也越来越高。此外,随着社会的发展,人们越来越愿意将资金投入市场以获取更多的利益，而不是存入银行赚取利息。这种大形势造就了庞大的消费需求。

科技在不断进步，互联网支付技术也不断更新，国民收入的增加使得人们有更多的钱去购买商品，人们对商品的需求也就越来越大。网络直播带货之所以在这种大环境下得到迅速发展，不仅是因为人民有钱，国家基础设施网络化水平不断提高，物流体系逐渐完善，物流配送效率不断提升，更是因为网络直播带货的出现满足了消费者对产品的需求，也满足了商家对新市场的需求，更满足了市场经济发展的需求。

2020年5月14日，联合国官员进中国直播间为非洲卢旺达带货，约1000万人观看直播，3000斤咖啡豆在两秒内被抢光，中国的网络经济和直播的力量震惊了联合国官员和非洲人民。直播带货可以"带火"一个产品，但也会导致这类产品的山寨款出现，假冒伪劣产品会给消费者带来困扰，也会给市场带来一系列的负面影响。因此在高需求低供给的情况下，政府部门要做好监管，商家要做好自律自查，此外，消费者在享受电商直播带来的便利的同时还需要擦亮双眼，提高鉴别能力。

二、虚拟消费是保障

2021年7月15日，商务部召开例行新闻发布会，商务部新闻发言人表示，鼓励实体零售企业应用5G、物联网、大数据、云计算、虚拟现实等新技术改善门店经营，提升消费者的体验。

近年来，广大零售企业在智慧商店建设方面积极探索，取得了不少成果。但从总体来看，目前我国智慧商店建设仍处于自发初始阶段。推动智慧商店建设加快发展，一方面是为了满足广大消费者对线上线下一体化消费体验的需要。另一方面，是零售业加快转型、创新发展的需要。随着现代信息技术的发展，消费领域新技术、新业态、新模式不断涌现，消费者越来越倾向于精准、方便、快捷的线上线下一体化消费体验，需求快速增长。根据商务部对重点零售企业的调查，有超过90%的企业认为有必要拓展线上业务，数字化、智能化发展和线上、线下融合已经成为行业共识。

商务部印发《智慧商店建设技术指南（试行）》，希望以数字化、智能化、精准化为方向，推动商业零售企业为广大消费者提供更好的线上线下一体化服务，具体在三个方面需要着力加强：

一是着力推动门店场景数字化，鼓励实体零售企业应用5G、物联网、大数据、云计算、虚拟现实等新技术改善门店经营，提升消费者的体验。

二是着力推动供应链智能化，推广集采集配、统仓统配、反向定制等新模式，发展柔性供应链、敏捷供应链，强化物流支撑，推动零售流通渠道重构。

三是着力推动服务精准化，推动卡券线上发放、活动发布、智能推送、积分通兑等数字服务，推动线上和线下产品"同标、同质、同价"。

此外，企业应在信息基础设施建设、数字营销、大数据应用、智能支付、智能办公等方面加大建设力度，同时加强自身合规审查，保护消费者个人隐私，保障老年人、残疾人等特殊群体的消费需求。

思考题

一、网络直播受众群体具有哪些人口统计学特征？
二、网络直播受众群体的消费动机主要有哪些？
三、网络直播受众群体的心理特征主要有哪些？
四、结合你身边的实际案例，谈谈网络直播受众群体的行为特点和规律。
五、网络直播企业应该如何保障不同消费群体的个性化需求？

第三章 全媒体直播营销模式

【目标】

通过本章的学习,学生应了解和掌握全媒体直播的典型营销模式,包括泛娱乐直播营销的发展现状及其商业模式,竞技游戏直播营销的发展现状及其盈利模式;以及付费问答、付费教育、数字版权运营等其他全媒体直播营销的运作流程、盈利模式。

第一节 泛娱乐直播营销

泛娱乐直播就是将泛娱乐的特点融入直播平台中,以直播平台为核心,打破各种娱乐形态之间的界限,综艺、旅游、电影、音乐、影视等多种娱乐资源都被整合在移动端直播平台中,明星、网红、网民都可以参与到直播中,逐渐形成一种全新的社交方式和营销模式。而泛娱乐直播的变现模式,主要就是通过IP将大量粉丝流量聚集在直播平台,从而实现IP变现。

一、泛娱乐直播平台的发展

互联网科技的发展推动了文化产业的多业态融合,泛娱乐生态系统拥有相近或互补的受众市场,细分领域之间的边界逐渐被打破,泛娱乐形态逐步发展到内容联动、融合开发和价值链共享的阶段。

(一)泛娱乐直播市场规模

随着中国城镇居民文化娱乐内容人均支出的增加,中国的泛娱乐市场规模开始快速增长。根据弗若斯特沙利文、中商产业研究院的调查数据,中国泛娱乐市场规模由2017年的2992亿元增加至2021年的7003亿元,2017年至2021年的复合年增长率为 23.7%，预期总市场规模将保持现有增速。

从艾瑞咨询的调查资料与数据分析来看，泛娱乐直播市场在 2014—2016 年迅速成长，这一阶段以映客为代表的移动直播快速崛起。进入 2019 年后，由于直播用户渗透率见顶，市场规模的增长趋于缓慢，后续保持在 15%～30% 的年增长率，如图 3-1 所示。

图 3-1　2014—2022 年泛娱乐直播市场规模与预测

（二）泛娱乐行业细分市场规模

2022 年，中商产业研究院对泛娱乐行业市场进行调查，同年发布了《中国泛娱乐行业市场前景及投资机会研究报告》。该报告对泛娱乐行业市场进行了细分，对细分市场的规模进行了数据分析，并通过数据分析结果预测了泛娱乐行业的发展状况。

1. 短视频市场规模

短视频市场是泛娱乐行业最大的细分市场，2017—2021 年，泛娱乐行业市场规模从 146 亿元大幅增长至 2255 亿元，年均复合增长率达到 98%，2022 年短视频市场规模保持继续增长。

2. 流媒体直播市场规模

流媒体直播是泛娱乐行业第二大细分市场，2021 年市场规模达到 1936 亿元，约占总市场规模的 27.6%，2022 年中国流媒体直播市场规模增长至 2300 亿元以上。

3. 剧集市场规模

中国剧集市场发展较为平稳，市场规模保持在 800 亿～1000 亿元。2021 年市场规模为 902 亿元，约占总市场规模的 12.9%，预计后期中国剧集市场规模将增长至926亿元。

4. 电影市场规模

2017—2019年，中国电影市场规模从611亿元增长至757亿元。2020—2021年，电影市场规模从332亿元增长至583亿元。预计后期中国电影市场规模将恢复增长至743亿元。

5. 综艺节目市场规模

近年来，中国综艺节目市场规模逐年下降，从2017年的605亿元降低至2021年的564亿元，年均复合增长率降低1.74%。

6. 数字音乐市场规模

数字音乐是指运用数字技术进行制作、存储、复制，并通过互联网、移动网络，以及电信增值业务等方式进行传播、消费的非物质形态的音乐。2021年，中国数字音乐市场规模达到440亿元，预计后期数字音乐市场规模将达到495亿元。

7. 在线文学市场规模

在线文学是指以网络为载体而发表的文学作品，2021年中国在线文学市场规模达到209亿元。2017—2021年年均复合增长率达到12.82%，预计中国在线文学市场规模将保持持续增长。

8. 动画市场规模

根据弗若斯特沙利文数据，中国动画市场规模近年来不断扩大，从2017年的96亿元增长至2021年的115亿元，年均复合增长率为4.62%。预计后期中国动画行业市场规模将达到200亿元。

二、泛娱乐直播的商业模式

近年来，在互联网娱乐领域掀起了网络直播热潮，观看或发起直播成为年轻人热衷的娱乐社交方式。而泛娱乐直播在网络直播市场中占比最大，用户渗透率最高，并且开始与其他产业进行融合，呈现出"直播+多元化"的发展趋势。

泛娱乐直播的内容一方面向多元化发展，另一方面充斥着低俗的信息，社会对此颇有微词，也开始怀疑其能否依靠用户打赏实现持续盈利。然而，泛娱乐直播作为新兴的传播形态具有很大的社会价值和营销价值，渗透到生活的方方面面，它营造了一个后台前置、融合虚拟与真实、融合多元场景的新场景，打破了时间与空间的限制，改变了以往的社交方式，影响了使用者的身份认同。

由此看来，泛娱乐直播这一新兴传播形态的商业模式也在与时俱进。目前由网络直播平台的生态模式所衍生的泛娱乐业务和收益主要包括打赏付费、会员增值服务、付费直播和广告收益等。

（一）打赏付费

"打赏"原指为了感谢别人所提供的服务而给予的赏赐或小费。随着互联网的不断发展和网络直播的兴起，"打赏"一词概念的内涵也变得更加丰富。主播通过给打赏的用户以实时反馈，如语言、情绪、表演，甚至是一对一聊天、见面的承诺来激励用户给予高额打赏。网络平台常见的打赏礼物如图3-2所示。

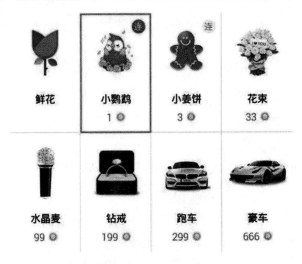

图3-2 网络平台常见的打赏礼物

一般在网络直播平台上，主播们通过自己的才艺表演或以知识问答的方式"吸粉"，用户则通过购买"鲜花、钻戒、跑车、豪车、别墅"等道具来打赏自己心仪的主播。用于打赏主播的道具价格有高有低，以满足不同经济层次的用户需求。

打赏是互联网主播获取收益的一种来源，其主要有以下变现方式：

（1）用户付费充值，在平台上购买礼物打赏主播，主播将收到的打赏礼物在平台兑换成相应的虚拟货币，再进行提现。

（2）平台将礼物转化成虚拟货币，主播对虚拟货币提现，由平台抽成。

（3）如果主播隶属于某个工会，则由工会和直播平台统一结算，主播获取的是工资和部分抽成。这是最常见的直播类产品盈利模式，花椒、映客等平台都属于这类模式。

网络直播打赏收益变现的方式如图3-3所示。

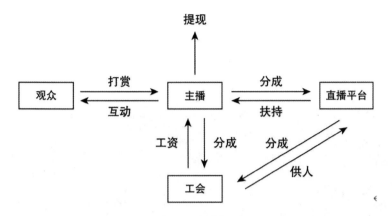

图 3-3 直播打赏收益变现的方式

在当今时代,各种新兴事物纷至沓来,其新兴性导致相关法律存在空白,尤其以网络直播为代表,在直播过程中频频出现主播索要礼物、引诱未成年人打赏等事件。因此加强相关法律法规的建设尤为重要。当前正值网络直播行业的治理时期,国家相关部门相继颁发了《网络主播行为规范》《关于加强网络直播规范管理工作的指导意见》《关于规范网络直播打赏、加强未成年人保护的意见》等规范性文件和政策性文件,网络直播平台行为的合法性是网络生态环境健康发展的需求。

(二)会员增值服务

会员是一个汉语词汇,指某些团体或组织的成员。会员主要有两种:一种为消费会员,一种为协会会员。泛娱乐行业的会员服务主要针对的是消费会员。从商品经济的视角去解读,消费会员就是某一类志趣相同、取向一致的消费人群,被商家归类梳理,冠以俱乐部、精英一族、小众群体的称谓,并投其所好研发产品、完善服务。

网络直播会员可以细分为主播会员和观众会员,这是市场经济充分竞争的产物,应个性化需求而衍生的市场供给不断细分、再细分。一些商家采用会员制的方式,积累会员,给予优惠,让其享受会员待遇。根据弗若斯特沙利文、中商产业研究院的调查数据,中国泛娱乐市场规模将步入超7亿会员的时代。那么,泛娱乐直播行业应如何打造会员生态圈呢?

以爱奇艺为例,2021年5月14日,爱奇艺举办了"2021爱奇艺世界·大会·会员生态伙伴论坛",爱奇艺会员及海外业务群总裁称:"会员业务已经成为爱奇艺收入的第一大业务,是核心的收入支柱,也是建立在爱奇艺各种各样内容生态之上的业务。"从 2011 年到 2021 年，10 年时间爱奇艺付费会员用户破亿，内容付费观念极大普及，这种消费方式已经渗透到每位用户生活的方方面面。与此同时，会员付费深刻改变了影视内容产业的商业模式，改写了影视产业的行业规则。见图 3-4。

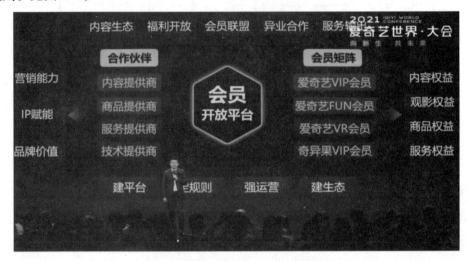

图 3-4　2021 爱奇艺世界·大会·会员生态伙伴论坛

会员增值服务业务是泛娱乐直播平台的主要收益来源。对于会员主播，直播平台会为其提供一些特权服务，主要包括两个方面：一方面是提升直播室功能权限，如添加场控、提高聊天室人员上限、收入翻倍、开通私密直播室等；另一方面是提高主播身份权限，如授予尊贵勋章、升级提速、首页推荐、内容合作等。

（三）付费直播

广播电视词典把直播界定为"广播电视节目的后期合成、播出同时进行的播出方式"。直播按播出场合可分为现场直播、播音室直播或演播室直播等形式。

电视现场直播指随着现场事件的发生、发展进程，同步制作和播出视听节目的一种播出方式，是充分体现电视媒体传播优势的播出方式。2000 年后，随着网络时代到来，重装备高投入的电视直播逐渐被低成本高效益的网络直播所取代，网络直播成为"直播"的代名词。网络直播是在现场随着事件的发生、发展进程同步制作和发布信息，具有双向流通过程的信息网络发布形式。与电影单一的过去时空相比，电视直播可显现的时空既有现在时又有过去时，而网络直播除具备电视的两大时空之外，还具有压缩时空的功能，如同步的文字直播、图片直播、赛事直播、手机直播等各种直播频道和样式。随着社会的发展，大家已经知道直播的好处，即减少成本，加快信息的传播。而互联网技术的发展让更多的人关注网络直播，特别是视频直播更受关注。

2022年8月10日，《中国网络表演（直播）行业发展报告（2021—2022）》在北京发布。报告指出，在数字经济推动下，直播与各行业关系发生转变，直播行业创造了千万量级的就业机会，并推动了新就业形态的发展。围绕内容生产与传播，直播生态上下游衍生出层次丰富的就业体系，一些乡村地方表演者、艺校毕业生、主持人、演员、店铺商家、行业专家、导购等传统职业、专业角色转型成为主播，从而提高了直播间的内容标准与准入门槛。

数据显示，截至2021年底，中国网络直播用户规模达7.03亿，占网民整体的68.2%。其中电商直播、游戏直播、体育直播、真人秀直播、演唱会直播等直播形态用户规模均上亿。报告认为，网络直播3.0时代以来，直播用户的群体构成变得更加多元，用户行为也渐趋理性，直播对于用户的价值从获得娱乐体验和情感陪伴，延展到获取知识、学习技艺等更广泛的领域。

目前直播平台有两种付费直播模式：一种是主播开通直播需要付费，由直播平台提供更高级的直播服务；另一种是观众看直播需要付费，由主播设置入场费用，平台和主播分成。另外，付费模式可分为按场次收费、按时间计费等，方便主播选择适合自己的直播方式，合理增加自己的直播营收。直播付费商业模式如图3-5所示。

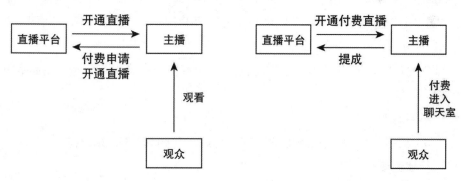

图3-5　直播付费商业模式

（四）广告收益

广告收益是广告媒介通过刊播广告而获得的收入，是广告媒介收入的主要组成部分。广告收益在现代传播业的经济来源中占有很大份额，对现代传播业的发展有重大影响。

2020年，中国互联网广告市场规模接近5000亿元，同比增长率为13.85%。

2020年中国互联网广告市场规模的增速显著放缓，主要是受到疫情影响，部分品牌方对网络广告预算重新进行了配置与规划。随着品牌方的市场信心不断恢复，商业活跃度进一步提高，根据前瞻产业研究院的数据统计，2021年中国互联网广告规模接近6000亿元。2010—2021年中国互联网广告市场规模如图3-6所示。

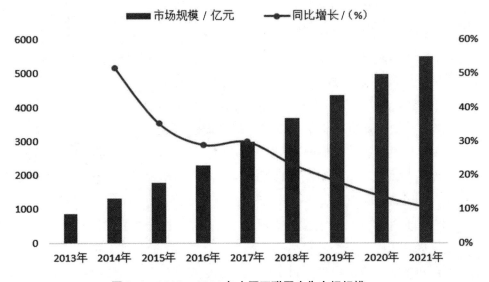

图3-6　2010—2021年中国互联网广告市场规模

2021年，移动互联网广告仍然是中国互联网广告市场最大的组成部分，占比高达89%，OTT及智能硬件广告市场占比反超PC广告，占据中国互联网广告市场5.8%的份额，PC广告占比5.2%。

当今时代，以网络媒体为主的现代广告有着传统广告不可比拟的优势，主要表现在以下方面。

1. 不受时空限制

互联网不受天气和任何环境的影响，突破了时间和空间的限制。

2. 传播速度快

互联网已经发展到5G时代，网络媒体和传统的大众媒体相比，信息传播速度更快。

3. 追踪效益

在传统广告投放中，广告主无法获取因广告投放而产生购买行为的反馈数据，而网络广告可以让广告主收到每一个反馈数据。

4. 投资回报

网络广告采用和传统广告截然不同的回报方式，广告主的广告投放和消费者的购买行为一步完成，大大减少了营运成本，优化了投资回报。

5. 互动性

传统大众媒体进行的是单向的广告投放和买卖，是卖方市场，而多媒体网络广告实现了互动买卖，是一对一的传播。非线性的信息推送和信息反馈是传统媒介无法实现的，在信息网络时代却可以轻易实现。

网络直播的广告收益模式是直播平台负责在 APP 中（包括首页广告、直播广告图等）、直播室中，或直播礼物中植入广告，按展示、点击或购买情况与广告主结算费用。目前快手、抖音等平台推出了短视频广告的投放，抖音短视频广告已经被划分到巨量引擎广告投放后台进行操作，广告投放者成功开户后平台会为其提供独立的推广账户，通过该账户就可以进行广告投放。

直播平台广告投放流程如图 3-7 所示。

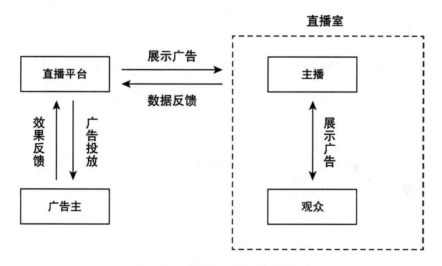

图 3-7 直播平台广告投放流程

第二节 竞技游戏直播营销

竞技游戏是以信息技术为核心，以软硬件设备为器械，在信息技术营造的虚拟环境中、在统一的竞赛规则下进行的对抗性益智电子游戏活动。竞技游戏作为一项体育项目，可以锻炼和提高参与者的思维能力、反应能力、协调能力、团队精神，以及对现代信息社会的适应能力，从而促进其全面发展。

竞技游戏，由其名称可知重点在"竞技"上，此类游戏较一般游戏而言更强调玩家的即时策略与技术。对于游戏的竞技性，不可一概而论，不同的游戏因其策略与技术方面的不同，竞技的内容也有所不同，以"星际争霸"系列为例，其经济扩展的战略思维就是其竞技精神所在。

纵观中国竞技游戏行业发展历程，竞技游戏直播不仅是重要的互动娱乐方式，更是推动整个行业健康可持续发展的重要力量。从早期的《英雄联盟》借势直播一飞冲天，到《绝地求生》等"吃鸡"游戏火遍全网，直至如今《王者荣耀》借助直播问鼎全球手游收入榜首，直播愈发成为竞技游戏行业加速飞驰不可或缺的助燃剂。经过多年发展，竞技游戏直播赛道已然价值千亿，吸引了众多互联网巨头、资本和人才投身其中。

通过对行业发展的全面透视，以及对竞技游戏直播受众的全面洞察，我们不难发现这一人群有着超出原始认知的丰富生活偏好和多元娱乐倾向。伴随着互联网内容分发中心的变迁，用户在不同平台间的大规模迁移正在进行，竞争要素、市场格局及业务逻辑正在迎来革新，千亿市场向拥有大流量、强内容及雄厚资本实力的新入局者伸出橄榄枝，综合娱乐平台强势入局竞技游戏直播赛道，正在快速吸引巨量受众、深刻改变游戏直播行业的原有格局。竞技游戏营销模式如图3-8所示。

图3-8 竞技游戏营销模式

一、平台变现收入

竞技游戏直播平台的变现，最普遍的途径是在优质内容与用户流量的基础上进行商业变现，主要包括版权收入、打赏收入、广告收入等。

（一）版权收入

在竞技游戏领域，内容授权处于金字塔塔尖，是吸金利器。原先竞技游戏的内容授权并没有那么受重视，而如今随着产业的火爆，内容授权的重要性逐渐凸显出来。以腾讯为例，在目前重要的版权收入中，《英雄联盟》职业联赛（LPL）、《王者荣耀》职业联赛（KPL）两大赛事的年度版权收益都超过数亿元。

（二）打赏收入

观众在收看竞技游戏直播时，给主播打赏的礼物也是竞技游戏直播平台的收入来源。不管哪个竞技游戏直播平台，都设置了收费礼物，观众购买后可以赠送给主播，主播和平台按比例分成。

（三）广告收入

竞技游戏领域，内容与媒介可谓相互成就，竞技游戏直接推动了直播平台的快速发展，还给平台带来大的流量。例如，《英雄联盟》等竞技游戏的火爆给平台带来大量的流量变现，包括应用启动广告和弹幕广告。

二、增值服务收入

按照平台运营模式的不同，竞技游戏增值服务主要包括会员增值服务、赛事运营和俱乐部运营等。

（一）会员增值服务

竞技游戏平台建立会员体系，吸引观众充值是增值服务收入的来源之一。在竞技游戏直播间，观看的观众可以通过充值获得会员特权，如特权礼物、隐身入场、入场特效等。根据充值金额的不同，观众还可以获得不同级别的会员权益。

（二）赛事运营

伽马数据提供的数据显示，2021年中国竞技游戏用户规模近4.9亿人，中国游戏市场实际销售收入2965.13亿元，比2020年增加了178.26亿元，同比增长6.40%。庞大的竞技游戏人群基础和产业规模，让竞技游戏赛事逐渐靠拢体育赛事。赛事举办方着力打造全民化的、自有流量巨大的竞技游戏赛事超级IP，例如WCA、LPL、S联赛等。

同时，相比传统体育，竞技游戏的受众人群更加年轻化，有着更高的付费意愿，这些特点决定了赛事用户定位可以带来更大的营销潜力。电商、视频网站以及啤酒等快消品与竞技游戏有相似的用户群，它们纷纷加大对竞技游戏赛事的广告投入，以吸引年轻的受众群体。

（三）俱乐部运营

传统体育俱乐部的收入很大一部分来自赞助，竞技游戏俱乐部也一样，由于鼠标、键盘、显示器、耳机等电脑外设产品和竞技游戏具有高关联性，因此外设厂商是竞技游戏俱乐部最热情的赞助商。同时，一些汽车、快消品厂商，以及电商视频网站等互联网公司也逐渐加入俱乐部的赞助阵营。

此外，赛事的奖金、选手的代言分成、周边产品销售收入等也是竞技游戏俱乐部收入的重要组成部分。

电竞赛事增值服务运营流程如图3-9所示。

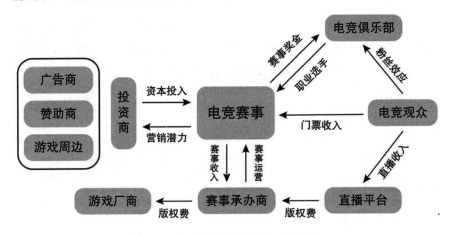

图 3-9　电竞赛事增值服务运营流程

第三节　全媒体的其他营销模式

进入移动互联网时代，营销市场也变得火热起来，企业进行产品营销以及提升品牌形象都会用到全媒体平台。全媒体营销是借助移动互联网技术，以微博、微信、短视频、直播平台等新媒体平台为营销渠道，把相关产品的功能、价值等信息传送给目标群众，使其产生好感，从而实现以品牌宣传、产品销售为目的的营销活动。

全媒体营销相比传统媒体营销来说针对性会更强，在全媒体营销过程中，了解用户的特点是重中之重,因为不同的消费人群对产品的需求会有所不同。

一、版权运营

2010年以来,互联网的中心议题离不开"数字版权"这一概念。数字版权是在互联网环境下衍生的相对于传统版权的新观念,是指计算机软件、电子数据库、电脑游戏、数字动画作品、数字图文作品、数字音乐、视频作品以及其他具有独创性的以数字格式存在的文学、艺术及技术作品的作者所享有的权利。广义的数字版权还包括邻接权,即数字作品的传播者,如出版者、表演者以及组织者对其加工、传播的作品所享有的相应权利。

全媒体版权运营在文化生态产业中已经出现了很好的实践案例,验证了文化与科技融合、文化与互联网拥抱、传统媒体与新兴媒体融合发展是一种趋势和有效选择。优质的内容是全媒体版权运营的关键,全媒体的开发是从内容资源的表达方式、传播手段和呈现载体展开的第二次创作。全媒体版权运营的过程和结果,就是利用版权作品的开发、呈现与传播来获取收益。

直播平台中的版权运营属于版权作品的二次利用,直播平台可将直播内容沉淀保护起来,以版权售卖的方式提供给发行方,由发行方对内容进行二次加工。

直播内容版权运营流程如图3-10所示。

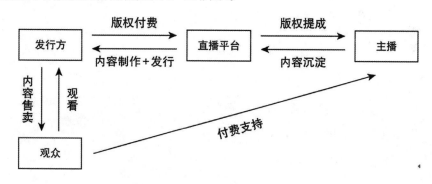

图3-10 直播内容版权运营流程

二、营销推广

一般来说,每一个看直播的用户都是潜在的消费者,那么作为主播,就需要明确自己的主体地位,做到以下两点:首先,必须理解直播打赏行为的本质;其次,摸清粉丝消费心理。成功引导粉丝进行消费是主播的基本功。

随着互联网的发展，自媒体不断涌现，许多平台的主播在获得大量的粉丝关注之后，通过各种方式进行变现，获取相应的报酬。在数字经济的刺激下，主播推广就是一种主播和商家进行商务合作的方式。

（一）直播类

直播可以说是覆盖面相对较广、转化率也相对较高的一种营销推广方式。多数主播会选择抖音、快手、淘宝、京东、小红书等直播平台，这些直播平台可以直接将客户吸引到商品橱窗进行消费，从而达到商家提高销量的要求，也有一部分主播会选择花椒直播、映客、一直播等平台进行带货。

由于直播带货是目前比较热门的推广方式，直播类平台现在已经得到很多主播和卖家的重视，大家都希望借助直播来推广自己的店铺和商品。主播可以选择一个适合自己的直播平台进行合作，如图3-11所示。

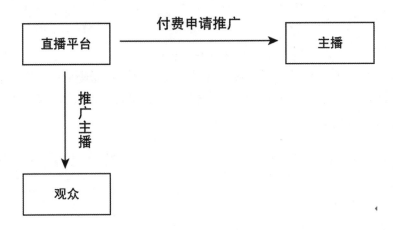

图3-11 直播类推广的基本流程

（二）短视频类

2016年，短视频平台陆续上线，并在2018年风靡了整个电商圈，餐饮界开始将短视频当作营销推广的新渠道。短视频平台的代表有抖音、快手、美拍等。短视频已经成为人们日常的娱乐消遣，平台上更是聚集了一大批用户。初期，短视频的推广方式一般为信息流广告或变相的插入式广告。

（三）软文类

从最开始的微博、微淘推荐，到后来的公众号、小红书，都说明了商业软文是一种非常有效的推广方式。小红书接入淘宝后，很多商家意识到软文推广的重要性，商业软文能详细地介绍一款产品，让消费者产生购买的欲望。

了解到推广渠道和方式之后，主播或商家就能够根据自己的需求与相应的平台进行合作推广。目前网络上有很多优秀的平台，无论是直播类、短视频类，还是软文类的"种草达人"，都可以找到适合自己的平台。

三、企业宣传

随着5G时代的到来，互联网的规模也迎来了快速增长。互联网以其即时性、互动性、多媒体性等特点对传统的新闻媒介产生了颠覆式的冲击。全媒体营销降低了产品营销的成本，促进了信息的快速流通，在虚拟的空间里构建了一个信息生产、传播、消费的全新生态环境。

在互联网个人化、移动化、交互化的时代背景下，信息传播更加便捷，企业文化的持续发展离不开互联网的宣传。企业为了提升自身形象，提高品牌影响力，展示自己的核心价值，其宣传方式开始由单一化向多元化转变。企业宣传片在企业品牌塑造上有着不可取代的作用，在推介、提升、舆论宣传上都有卓越的表现，是企业提升自我"软实力"的重要途径。

企业宣传片主要是企业一种阶段性总结动态艺术化的展播方式，主要分为两种：一种是企业形象片，一种是产品直销片。企业形象片主要是整合企业资源提升企业形象，而产品直销片通过视频展现产品的细节，提高消费者对产品的认知。

在ToB直播中，企业向直播平台付费申请直播，或需要直播平台提供技术支持，直播平台为企业提供更具穿透力和影响力的推广宣传等服务，还会为企业提供后台数据。

四、付费教育

技术的革新一定会带来产业的变化，教育培训行业也开始进行变革。移动网络的普及、网络速度的提升、智能终端设备的广泛应用等创造了跨时空的生活、工作和学习方式，使知识获取的方式发生了根本变化，为方便快捷地学习提供了基础条件。科技不仅拓展了学习场景，还打破了教学内容瓶颈——在线教育不受时间、空间和地点等条件的限制，使得知识获取渠道更加灵活与多样化。

在线教育也称远程教育、在线学习，现行概念中一般指的是一种基于网络的学习行为，与网络培训的概念相似。在线教育课程分为综合类、K12类、语言类、职业教育类、素质教育类、早教类、高等教育类、教育服务类，目前我国的在线教育以教育服务和职业教育为主。近年来，随着居民教育支出的增多以及互联网普及率的增长，在线教育快速发展，据统计，在线教育市场规模由2016年的1565.4亿元增长至2021年的5130.3亿元。

在线教育类产品的商业模式是利用直播平台售卖课程，学生付费学习，直播平台最终和老师、学校进行收入分成。在教育平台还可植入广告、售卖相关商品，如一些艺术课程的直播平台利用教学之便推销各种相关产品，增加教育平台的收入。从商业模式来看，目前平台的盈利点主要是分成和广告费，而教育产品主要依靠收取课程费用盈利。各大教育机构在传统收费模式的基础上正探索着新的盈利模式。在线教育的商业模式流程如图3-12所示。

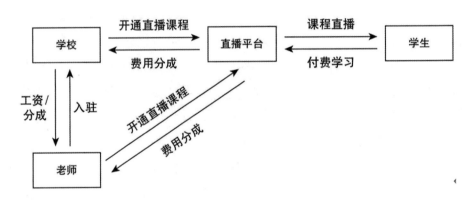

图3-12 在线教育的商业模式流程

五、付费问答

从定义上说，付费问答是通过网络媒介让自己的智慧、产品、能力、经验体现应有的价值，是一种互联网经济所衍生的新事物。消费者可通过付费的方式，获得自己想要的信息。付费问答的类型有知识分享讨论型、积分型、招标悬赏型等。2016年，很多平台开始推出付费问答功能。

移动互联网的特征是碎片化，而在碎片化时代中，传播主体的形态与模式其实都在碎片化，所有的用户群体也在碎片化，或者叫垂直化。付费问答作为碎片化知识付费产品，其直观、便捷的特性造就了它的商业模式——提问者提出问题，回答者回答问题，提问者付费查看答案，最后回答者和直播平台进行分成。

图 3-13 是付费问答的商业流程图。

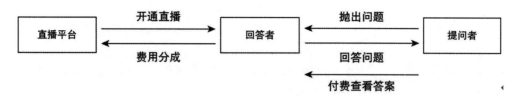

图 3-13 付费问答的商业流程图

思考题

一、泛娱乐直播营销的盈利模式包括哪些?

二、竞技游戏直播营销的盈利模式包括哪些?

三、付费问答的商业流程是怎样的?

四、简述付费教育的商业模式流程。

五、营销推广软文主要包括哪些业务模式?

六、简述电竞赛事增值服务的运营流程。

第四章　全媒体直播营销的设施设备

【目标】

通过本章的学习，学生应了解全媒体直播营销的技术原理，各类数据的采集、处理和编码流程；学习手机直播、电脑直播硬件设备的选择方法，设备调试要求；掌握直播软件的选择要素，以及斗鱼等各类直播平台的运用方法和流程；熟悉直播间的场景装饰方法和装修风格。

第一节　全媒体直播营销的技术原理

一、直播的技术架构

伴随着数字经济的发展，网络直播行业迎来空前繁荣，直播技术也在不断更新迭代、日趋成熟，形成了以数据采集→数据处理→数据编码→推流传输→数据解码→播放显示等环节为主的技术架构。

简而言之，直播就是主播端将音视频数据采集编码后通过内容分发网络（content delivery network）传送到观众端，观众进行观看。视频直播就相当于把图像数据打包，从一个地方运输到另一个地方。流媒体直播的基本技术架构如图4-1所示。

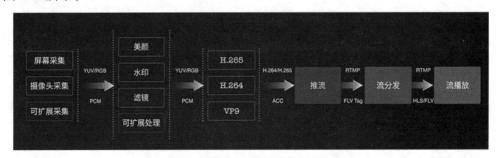

图4-1　流媒体直播的基本技术架构

二、音视频处理的一般流程

（一）数据采集

数据采集是整个直播过程的第一个环节，它从系统的采集设备中获取原始数据，将其输出到下一个环节。数据采集包括音频采集和图像采集。

1. 音频采集

音频数据既能与图像结合，组合成音视频数据，也能以纯音频的方式采集播放，后者在很多成熟的应用场景（如在线电台和语音电台等）中起着非常重要的作用。音频采集过程主要是通过设备将环境中的模拟信号采集成 PCM 编码的原始数据，然后编码压缩成 MP3 等格式的数据分发出去。常见的音频压缩格式有 MP3、AAC、HE-AAC、Opus、FLAC、OGG Vorbis、Speex 和 AMR 等。

音频采集和编码主要面临的挑战在于延时敏感、卡顿敏感、噪声消除（denoise）、回声消除（AEC）、静音检测（VAD）和各种混音算法等。

音频采集阶段的主要技术参数有：

（1）采样率（sample rate）。

采样就是把模拟信号数字化的过程，采样率越高，记录这一段音频信号所用的数据量就越大，同时音频质量也就越高。

（2）位宽（bit width）。

每一个采样点都需要用一个数值来表示大小，这个数值的数据类型大小可以是 4 bit、8 bit、16 bit、32 bit 等，位数越多，表示得就越精细，声音质量就越好，而数据量也会成倍增大。我们在音频采集过程中常用的位宽是 8 bit 或者 16 bit。

（3）声道数（number of channels）。

由于音频的采集和播放是可以叠加的，因此可以同时从多个音频源采集声音，并分别输出到不同的扬声器，故声道数一般表示声音录制时的音源数量或回放时相应的扬声器数量。声道数为 1 和 2 时分别称为单声道和双声道，是比较常见的声道参数。

（4）音频帧（audio frame）。

音频跟视频不一样，视频每一帧就是一张图像，而从声音的正弦波可以看出，音频数据是流式的，本身没有明确的一帧帧的概念。在实际应用中，为了音频算法处理/传输的方便，一般取 2.5～60 ms 为单位的数据量为一帧音频。这个时间被称为"采样时间"，其长度没有特别的标准，是根据编解码器和具体应用的需求来确定的。

根据以上定义，可以计算一帧音频的大小。假设某音频信号是双通道，采样率为 8 kHz，位宽为 16 bit，20 ms 一帧，则一帧音频的大小 =8000×2×16×0.02 bit = 5120 bit = 640 byte。

2. 图像采集

图像采集的结果组合成一组连续播放的动画，即构成视频中可肉眼观看的内容。图像采集过程主要是由摄像头等设备拍摄成 YUV 编码的原始数据，然后经过编码压缩成 H.264 等格式的数据分发出去。常见的视频封装格式有 MP4、3GP、AVI、MKV、WMV、MPG、VOB、FLV、SWF、MOV、RMVB 和 WebM 等。

图像给人带来的直观感受较强并且体积比较大，构成了一个视频内容的主要部分。图像采集和编码面临的主要挑战在于设备兼容性差、延时敏感、卡顿敏感，以及各种对图像的处理（如美颜和水印等）。

图像采集阶段的主要技术参数有：

（1）图像传输格式。

通用影像传输格式（common intermediate format）是视讯会议（video conference）中常使用的图像传输格式。

（2）图像格式。

通常采用 YUV 格式存储原始数据信息，其中包含用 8 位表示的黑白图像灰度值，以及可由 RGB 三种色彩组合成的彩色图像。

（3）传输通道。

正常情况下视频的拍摄只需 1 路通道，随着 VR 和 AR 技术的日渐成熟，为了拍摄一个完整的 360 度全景视频，可能需要通过不同角度拍摄，然后经过多通道传输后合成。

（4）分辨率。

随着设备屏幕尺寸的日益增多，视频采集过程中原始视频分辨率起着越来越重要的作用，后续处理环节中使用的所有视频分辨率的定义都以原始视频分辨率为基础，视频采集卡能支持的最大点阵反映了其分辨率的性能。

（5）采样频率。

采样频率反映了采集卡处理图像的速度和能力，在进行高度图像采集时，需要注意采集卡的采样频率是否满足要求。采样率越高，图像质量越高，同时保存图像信息的数据量也越大。

以上是视频采集的主要技术参数，以及视频中音频和图像编码的常用格式。

3. 采集源

（1）摄像头采集。

对于视频内容的采集，目前摄像头采集是社交直播中最常见的采集方式，比如主播使用手机的前置和后置摄像头进行拍摄。在现场直播场景中，也有专业的摄影、摄像设备用来采集数据。安防监控场景中也有专业的摄像头进行监控采集。

对于手机，iOS 和 Android 分别支持前置、后置摄像头的采集，只是 iOS 由于设备种类和系统版本不多，因此采集模块兼容性较好，而 Android 需要适配的硬件设备和系统则非常多，目前支持 Android 4.0.3 及以上的摄像头采集。

（2）屏幕录制。

屏幕录制的采集方式在游戏直播场景中非常常见，目前在 Android SDK 中实现了屏幕录制功能。iOS 则由于系统本身没有开放屏幕录制的权限而没法直接操作，但对于 iOS 9 以上的版本，可以通过模拟一个 AirPlay 镜像连接到自身（当前 APP），这样就可以在软件上捕获到屏幕上的任何操作，达到屏幕录制的效果。

（3）从视频文件推流。

除了从硬件设备采集视频进行推流外，有时还可能需要将一个视频或者音频文件以直播流的形式实时传输给观众。比如在线电台或者电视节目，它们的输入可能来自一些已经录制、剪辑好的视频内容。

（二）数据处理

完成视频或者音频的采集之后得到原始数据，为了增强现场效果或者加上额外的效果，一般会在将数据压缩编码前进行处理，比如打上时间戳、添加公司 Logo 的水印、祛斑美颜和声音混淆等处理方式。在主播和观众连麦的场景中，主播需要和某个或者多个观众进行对话，并将对话结果实时分享给其他观众，连麦的处理也有部分工作在推流终端完成。

数据处理环节分为音频处理和视频处理，音频处理具体包含混音、降噪和声音特效等，视频处理包含美颜、水印以及各种自定义滤镜等。

1. 美颜

美颜是直播平台最常见的功能之一。美颜的主要原理是通过"磨皮和美白"来达到整体的美化效果。磨皮的技术术语是"去噪"，即对图像中的噪点进行去除或者模糊化处理，常见的去噪算法有均值模糊、高斯模糊和中值滤波等。当然，由于脸部的每个部位不尽相同，脸上的雀斑可能呈现出与眼球相近的颜色，而对整张图像进行去噪处理的时候不能将眼睛也去掉，因此这个环节也涉及人脸和皮肤检测技术。

2. 水印

水印是在图片和视频内容中添加的一种标记，它可用于简单的版权保护，或者进行广告设置。出于监管的需求，国家相关部门规定视频直播过程中必须打上水印，同时直播的视频必须录制下来保存一定的时间，并在录制的视频上打上水印。

视频水印有播放器水印和视频内嵌水印两种方式可供选择。对于播放器水印来说，如果没有有效的防盗措施，对于没有播放鉴权的推流，客户端拿到直播流之后可以在任何一个不带水印的播放器里面播放，因此也就失去了视频保护的能力。综合考虑云端录制对水印的需求，一般会选择视频内嵌水印的方式打水印。

3. 连麦

连麦是互动直播中常见的需求，其流程如图4-2所示。主播和部分观众之间可以进行实时互动，然后将互动结果实时播放给其他观众观看。

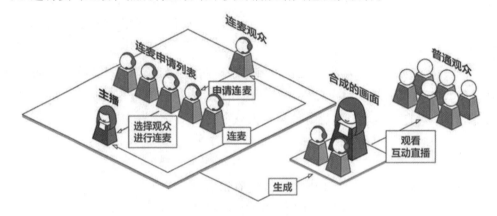

图4-2　连麦互动直播流程示意图

基于以上业务需求，大家很容易想到基于单向直播原理，在主播端和连麦观众端采用双向推流和双向播流的方式互动，然后在服务端将两路推流合成一路推送给其他观众，但RTMP带来的延迟决定了这种方式无法做到用户可接受的互动直播。

互动直播的主要技术难点在于以下方面。

（1）低延迟互动。

保证主播和互动观众两者之间就像电话沟通，能够实时互动，因此必须保证两者能在秒级以内听到对方的声音，看到对方的视频。

（2）音画同步。

互动直播中对音画同步的需求和单向直播中类似，只不过互动直播中的延迟要求更高，必须保证在音视频秒级传输情况下的秒级同步。

（3）音视频实时合成。

其他观众需要实时观看到对话结果，因此需要在客户端或者服务端将画面和声音实时合成，然后以低成本高品质的方式传输到观众端。

在视频会议领域，目前比较成熟的方案是使用思科 Webex 会议软件，但这些商用的软件比较封闭，成本也比较高。对于互动人数比较少的互动直播，目前市场上比较成熟的方案是使用基于 WebRTC 的实时通信技术。

（三）数据编码

数据编码是网络直播技术架构中非常重要的一个部分。如果把整个流媒体比喻成一个物流系统，那么编解码就是其中配货和装货的过程，这个过程非常重要，它的速度和压缩比对物流系统的意义非常大，影响物流系统的整体速度和成本。同样，对流媒体传输来说编码也非常重要，编码性能、编码速度和编码压缩比会直接影响整个流媒体传输的用户体验和传输成本。

视频需要进行编码的原因主要有以下两个方面：首先，原始视频数据存储空间大，一个 1080P 的 7 s 视频需要 817 MB 的存储空间；其次，原始视频数据传输占用带宽大，10 Mbps 的带宽传输上述视频需要 11 分钟，而经过 H.264 编码压缩之后，视频大小只有 708 kB，10 Mbps 的带宽传输仅仅需要 500 ms，可以满足实时传输的需求。所以，从视频采集传感器采集来的原始视频势必要经过视频编码。

那为什么巨大的原始视频可以编码成很小的视频呢？这其中的核心思想就是去除以下冗余信息。

空间冗余：图像相邻像素之间有较强的相关性。

时间冗余：视频序列的相邻图像之间内容相似。

编码冗余：不同像素值出现的概率不同。

视觉冗余：人的视觉系统对某些细节不敏感。

知识冗余：规律性的结构，可由先验知识和背景知识得到。

视频从本质上讲是一系列连续图片的快速播放，最简单的压缩方式就是对每一帧图片进行压缩，例如比较古老的 MJPEG 编码就是这种压缩方式。这种编码方式只有帧内编码，利用空间上的取样预测来编码，即把每帧都作为一张图片，采用 JPEG 的编码格式对图片进行压缩，这种编码只考虑了一张图片内的冗余信息压缩。

如图 4-3 所示，深色部分就是当前待编码的区域，浅色部分就是尚未编码的区域，深色区域可以根据已经编码的部分进行预测。

图 4-3 JPEG 的编码格式

因为帧和帧之间有时间的相关性,所以后续开发出了一些比较高级的编码器,可以采用帧间编码。简单来说,就是通过搜索算法选定帧上的某些区域,然后通过计算当前帧和前后参考帧的向量差进行编码的一种形式。通过图 4-4 所示的连续帧可以看到,滑雪的同学是向前移动的,但实际上是雪景在向后移动,P 帧通过参考帧(I 或其他 P 帧)就可以进行编码了,编码之后的图像非常小,压缩比非常高。

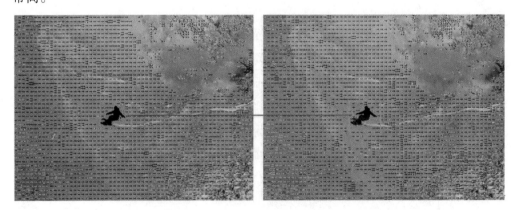

图 4-4 连续帧

(四)推流传输

推流指的是把采集阶段封包好的内容传输到服务器上的过程,其实就是将现场的视频信号传到网络上的过程。推流对网络要求比较高，如果网络不稳定，直播效果就会很差，观众观看直播时就会发生卡顿等现象。

推流必须把音视频数据使用传输协议进行封装，变成流数据。常用的流数据传输协议有 RTSP、RTMP、HLS 等，使用 RTMP 传输的延时通常在 1～3 秒。手机直播对实时性要求非常高，RTMP 已成为手机直播中最常用的流传输协议，最后通过一定的 QoS 算法将音视频流数据推送到网络端，通过 CDN 进行分发。图 4-5 所示为数据推流传输的流程。

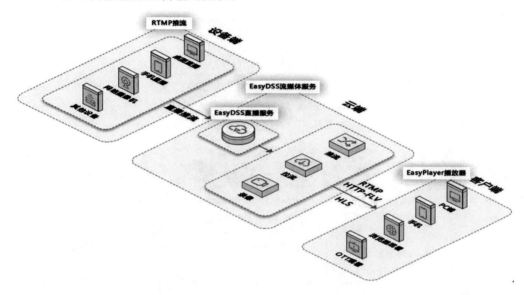

图 4-5　数据推流传输流程图

（五）数据解码

视频是一种有结构的数据，我们可以把视频剖析成如下结构。

1. 内容元素（content）

内容元素有图像（image）、音频（audio）、元数据（metadata）等。

2. 编码格式（codec）

编码格式包括视频编码格式（如 H.264、H.265 等）和音频编码格式（如 AAC、HE-AAC 等）。

3. 容器封装（container）

容器封装格式有 MP4、MOV、FLV、RM、RMVB、AVI 等。

任何一个视频文件，从结构上讲都是这样一种组成方式：由图像和音频构成最基本的内容元素；图像经过视频编码格式处理（通常是 H.264），音频经过音频编码格式处理（例如 AAC）；注明相应的元数据；最后，经过容器封装打包（例如 MP4），构成一个完整的视频文件。

直播就是将每一帧数据（video、audio、data frame）打上时序标签（timestamp）后进行流式传输的过程。发送端源源不断地采集音视频数据，经过编码、封包、推流，再经过中继分发网络进行扩散传播，播放端再源源不断地下载数据并按时序进行解码播放。如此就实现了"边生产、边传输、边消费"的直播过程。图 4-6 所示为直播视频播放流程。

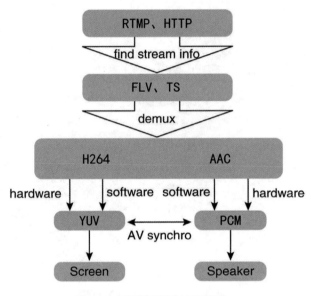

图 4-6　直播视频播放流程图

关于直播的数据解码，具体步骤如下：

第一，根据协议类型（如 RTMP、RTP、RTSP、HTTP 等），与服务器建立连接并接收数据；

第二，解析二进制数据，从中找到相关流信息；

第三，根据不同的封装格式（如 FLV、TS）解复用（demux）；

第四，分别得到已编码的 H.264 视频数据和 AAC 音频数据；

第五，使用硬解码（对应系统的 API）或软解码（FFmpeg）来解压音视频数据；

第六，经过解码后得到原始的视频数据（YUV）和音频数据（AAC）；

第七，同步数据，因为音频和视频的解码是分开的，所以我们得把它们同步起来，否则会出现音视频不同步的现象，比如人说话的声音跟口型对不上；

第八，把同步的音频数据送到耳机或外放，视频数据送到显示屏幕。

第四章 全媒体直播营销的设施设备

（六）播放显示

通常来说，一个典型的播放器可以分解成三部分：UI、多媒体引擎以及解码器和 DRM 管理器（见图 4-7）。

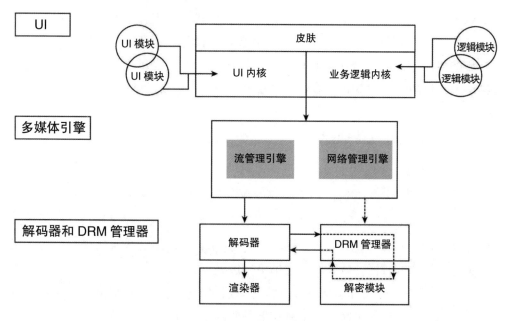

图 4-7 播放器分解图

1. 用户界面（UI）

这是播放器最上层的部分，它通过三部分不同的功能特性定义了终端用户的观看体验：皮肤（播放器的外观设计）、UI（所有可自定义的特性，如播放列表和社交分享等），以及业务逻辑部分（特定的业务逻辑特性，如广告、设备兼容性逻辑和认证管理等）。

2. 多媒体引擎

这里处理所有播放控制相关的逻辑，如描述文件的解析、视频片段的拉取，以及自适应码率规则的设定和切换等。由于这些引擎一般和平台绑定得比较紧，因此可能需要使用多种不同的引擎才能覆盖所有平台。

3. 解码器和 DRM 管理器

播放器底层的部分是解码器和 DRM 管理器，这层的功能为直接调用操作系统暴露出来的 API。解码器的主要功能在于解码并渲染视频内容，DRM 管理器则通过解密过程来控制是否有权播放。

· 49 ·

第二节 直播硬件的选择与调试

随着互联网技术的不断发展，网络已成为发展速度最快且越来越占据主要地位的媒体。由于互联网具有直观、快速、表现形式好、内容丰富、交互性强、地域不受限制、受众可划分等诸多优点，网络直播日益成为商家宣传推广产品、产业转型的主阵地。同时全媒体直播平台可以随时为受众提供重播、点播服务，有效拓展了直播的时间和空间，能发挥直播内容的最大价值。

一、直播硬件设备选择

（一）手机直播

手机用户可以将手机拍摄的视频内容实时上传到平台，通过视频直播的形式即时分享身边正在发生的每一个精彩瞬间。直播者只需要登录直播平台，将手机摄像头对准被播的目标，就可以一边拍摄一边进行直播。

当手机用户与受众分享新视频时，可以通过发信息的方式提醒受众观看，从而轻松地与受众保持动态联系。手机直播需要的设备如下。

1. 手机

手机直播首先要保证画面的清晰稳定，所以需要选择电量充足、摄像头像素高、性能稳定的手机进行直播。

2. 手机支架、稳定器

固定直播需要用到手机支架和稳定器等工具，手机支架和稳定器的主要作用是将手机根据直播需求进行放置，或调整角度进行拍摄，在使用手机直播时，让直播画面更加稳定，更具有观感。

3. 打光灯

光是直播的关键，清晰的高品质画面需要适当的灯光配合。一套完整的基础灯光设备一般由环境灯、主灯、补光灯和辅助背景灯组成。布光的过程中，最好遵循三点式布光的原则。三点式布光又称为区域照明，有三盏灯即可，分别为主体光、辅助光与轮廓光，一般用于较小范围的场景照明。因为直播间的面积有限，所以三点式布光是简单且有效的布光方式。

一般主光灯放置在主播正面，与主播呈45度角，副光灯将主播脸上的暗部打亮，主光与副光的光比为5∶2。必要时可以打轮廓光（背景灯），光线打在主播的后方，目的是使黑色的头发与黑色背景分离开，从而使画面更有层次。在直播

第四章　全媒体直播营销的设施设备

间布光时尽量使用柔光设备，如柔光纸、柔光箱，以便使主体上的阴影看起来不要太重，达到美观的效果。打光时切忌主光方向与摄像机的拍摄方向相同，因为这样会使画面看起来太平而没有层次。图4-8所示为三点式布光。

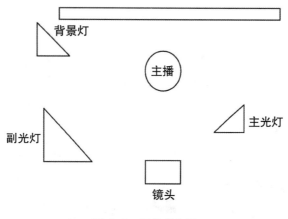

图4-8　三点式布光

4. 声卡和麦克风

声卡和麦克风是直播的帮手，使用声卡播放背景音乐和声效，如掌声、笑声等，能起到活跃直播间气氛的作用。

（二）电脑直播

电脑直播指人们通过电脑收看远端正在进行的现场音视频实况，如会议、培训、赛事等。电脑直播的核心是利用互联网高速稳定的特点，实现对音视频信号的实时传输。电脑直播需要的设备如下。

1. 电脑

根据直播需求，选择能够完全展示直播间信息的电脑显示器，或者进行多屏幕搭建，若屏幕太小，则可能无法正常显示直播间的信息，多数直播平台是支持宽屏的。

2. 外接摄像头

在直播间直播时，需要专业的镜头才能够得到专业的画面效果。许多知名主播的直播间，各种镜头切换自如，一般都是使用了三个及以上的摄像头才达成这样的效果。室内直播一般以中、近景为主，部分户外直播有中、全景。全景镜头主要用来吸引观众的注意力，让大家能够看到场景的全貌；中景镜头可以营造一种氛围感，让大家觉得在和主播面对面地交流；特写镜头则可以让观众清晰地看到场景的每个细节。

3. 独立声卡

主播在直播过程中最好使用独立声卡，因为独立声卡拥有更多的滤波电容以及功放管，经过数次级的信号放大，使得输出音频的信号精度提升，所以其音质输出效果更好。

4. 电容话筒

电容话筒的音质和灵敏度都优于动圈话筒，在直播过程中能录下更多的泛音元素以及更多细节，适合在无杂音的环境下使用。

二、直播硬件设备调试

（一）直播间环境要求

直播间整体环境干净整洁，光线充足且均匀。如果直播间有窗户，应紧闭窗户以避免户外噪音影响，并将遮光窗帘拉上。禁止在直播画面中出现与直播无关的人员。

（二）镜头设置

1. 画面清晰

画面要能看清主播的细微表情，光线均匀，特别要注意避免脸上出现局部曝光（局部区域过亮过白）。画面色调以自然、粉嫩为佳，注意调节到合适的白平衡和对比度。

2. 人物比例

在直播时主播整体位于画面中心，脸部位于画面中上部，摄像头要能拍到主播上半身，画面上方到主播头顶，画面下方到胸部以下、腰部以上。

3. 拍摄角度

拍摄时应根据主播需要调整摄像头的位置。例如，主播如果觉得自己的侧脸更好看，可以把摄像头放在自己的斜对面，但是要注意位置不能过偏，防止画面变形。

4. 背景干净

直播时的背景颜色以浅色调为佳，但不宜过白，注意主播的着装风格与背景相协调，并避免出现杂乱物品。

5. 设备调整

尽量避免话筒和悬臂支架对视频效果的影响，将话筒调整合舒适的角度，避免主播在直播时被话筒挡脸，并做好防风措施。

(三)灯光设置

1. 打光原理

直播时整个房间要通透明亮,在灯光充足的情况下主播的脸部以及背景在摄像头里的颜色才会更好看。视频打光不能出现明显阴影,光线要均衡,可以尝试反方向打光,这样的光线比较柔和,在视频调试中不会出现曝光过度等情况。

2. 顶灯

顶光建议选择可调节冷暖色调以及明暗程度的吸顶灯,便于直播时的灯光调整。

3. 台灯

在桌上加台灯的目的是把主播的面部打亮,使得人物在画面上观感更佳。建议使用低功率的 LED 台灯,台灯的灯光可衬托主播在视频上的皮肤颜色,磨皮、美白就靠桌面上的灯光衬托来实现。

另外要注意的是:顶光不能太暗,顶灯需要设置在房间靠中间位置,否则会导致房间灯光不平衡;桌面的台灯不能直射摄像头,灯光直射镜头会导致画面过曝;所有的灯光要按照需求调整,突出直播主体,符合直播间氛围。

(四)背景设置

1. 背景布置

背景是衬托主播气质以及风格的重要部分,背景布置的原则是与主播本身气质相符合。在风格统一的基础下,背景物件的摆放一定要干净简洁,不能杂乱。

2. 搭配建议

直播时背景建议选择暖色调,房间色彩比较单调时,可以搭配几个颜色不同的道具,力求整洁、美观、温馨。值得注意的是,在进行背景颜色搭配时,切忌出现反差很大的颜色,切忌整体背景出现白墙、黑(灰)墙等暗色系背景,一般背景不需要非常鲜艳的色块,以免喧宾夺主,除非主播有特别的效果需求。

(五)音频设置

主播声音的构成需要声卡以及麦克风的配合,其次需要软件和机架效果。主播以悦耳的声音直播是吸引粉丝观看的主要手段之一,特别是娱乐主播,声音是除了脸以外吸引用户的重要因素之一。

1. 麦克风

声音的采集需要用到麦克风,不同品质的麦克风的录制效果存在差异,主要区别在于声音采集的范围以及声音传输的稳定性,直播时尽量用品质较好的电容

式麦克风。

2. 声卡

声卡是实现优质声音的一种保障,建议购买可以搭建机架的声卡,这样可以实现更多的软件效果,软件效果可以找专业调音师调试。声卡可以修饰人的声音,让人的声音更好听,所以主播一定要找到适合自己声线的声卡,调试出适合自己的效果,助力自己的才艺展示。

第三节　直播软件的选择与运用

网络直播吸取和延续了互联网的优势,可以将产品展示、会议讨论、背景介绍、方案测评、网上调查、对话访谈、在线培训等内容现场发布到互联网上。网络直播的最大优点就在于直播的自主性,其独立可控的音视频采集完全不同于转播电视信号的单一收看。现场直播完成后,还可以随时为观众继续提供重播、点播服务,有效拓展了直播的时间和空间,发挥了直播内容的最大价值。

目前各直播软件纷纷涌入市场,走进客户的视野,五花八门的直播软件令人应接不暇,五彩缤纷的APP图标也扰乱了主播的心。那么在选择直播软件的时候,究竟应该注意哪些方面呢?

一、直播软件的要素

(一)安全性

无论在生活还是工作中,安全永远排在第一位。对于主播来说,安全的直播平台环境是保证人身安全和财产安全的重要因素。因为主播不清楚自己的粉丝究竟是哪些人,他们在自己直播的时候会做什么事情,特别在一对一直播时要注意保护个人隐私,因此主播需要选择安全性较强的软件直播。主播要有安全防范意识,做好个人信息的保密工作。图4-9所示为直播场景。

(二)互动性

直播软件的互动功能是否多样,决定了客户能否有良好的体验感。在选择直播软件的时候,应尽量选择那些有多种互动方式的软件,如点赞、送礼物、开小窗、关注等。

第四章　全媒体直播营销的设施设备

图 4-9　构建安全直播的环境

2021年12月30日，聚划算上线全新直播栏目《划算8点档》，创意打造明星直播真人秀综艺。该节目在整场直播的互动设计上颇费苦心，从预热连麦预告品牌好货，到艺人与品牌主播"默契大考验"，吸引用户关注品牌直播间，再到艺人空降品牌直播间，直接引流用户前往。全场直播以高频连麦、层层递进的方式实现了官方平台与品牌直播间的梦幻联动，也增强了直播内容的可看性与完整度。图4-10为《划算8点档》直播综艺栏目宣传图。

图 4-10　《划算8点档》直播综艺栏目

（三）直观性

直播意图表述得是否清晰，直播过程中是否具有互动内容，都会给观众带来

· 55 ·

不一样的观看体验，影响到直播的直观性。特别在生鲜农产品直播中，现场介绍产品时，谁都不想只看到一张张看不清摸不着的图片。主播应确保直播间的展示更加直观，使观众身临其境地感受到产品的香甜美味，比如，让观众看到产品的种植、养殖或其他生产过程，了解相关知识。

图 4-11 所示为农产品直播。

图 4-11　农产品直播

二、直播软件的选择

主播在直播时使用的软件很多，比较受欢迎的直播软件有下面几款。

（一）OBS 直播软件

OBS 直播软件是一款资源占用少、比较稳定的直播软件，各方面功能齐全，对于新手来说比较容易学习与掌握，是一款实用性强的直播软件。OBS 直播软件作为一款开源软件，将源代码开放给广大用户，用户可以根据自己的意图和需要开发更多适合自己使用的插件。

（二）YY 伴侣虚拟视频软件

YY 伴侣带有美颜效果，主播在使用时更便于展示自己。该软件的现场特效功能也较为全面，支持自定义音效等，并且支持摄像头特殊效果，如双面镜等，可增强直播内容的趣味性。

（三）虎牙直播、斗鱼直播伴侣、战旗主播工具

虎牙直播是国内大型游戏直播互动平台，以游戏直播为核心业务，游戏直播内容丰富，给游戏爱好者带来了良好的游戏体验。

斗鱼直播伴侣是斗鱼 TV 官方开发的斗鱼直播软件，斗鱼直播伴侣软件不仅支持直播功能，也为有录制视频需求的主播们提供了录制功能，还能帮助主播在直播的时候看到观众的弹幕评论，更好地和观众进行互动。

战旗主播工具是一款专门为专业游戏主播打造的直播软件，能够帮助广大玩家更好地了解高手玩家们对游戏的理解和操作。很多新手玩家之所以选择战旗主播工具，是因为在这里能够学习到非常多的游戏知识。

（四）云课堂直播软件

在教育信息化领域，传统的计算机教室、多媒体教室等教育场景中，"效率低、成本高、管理弱、维护难、体验差"等问题一直困扰着很多老师。因此云课堂的集中管理、数据安全、移动办公等诸多优势逐渐凸显，并赋予了计算机教室线上教学的能力。

（五）抖音、快手 APP

抖音、快手属于综合性较强的直播平台，直播类型多样，游戏、才艺、教育、影视等各种类别都有涵盖。此外，由于运用了大数据、云计算等技术，抖音、快手具有智能推荐功能，会将直播间推给指定人群，所以流量较为稳定，人群定位也更加精准。

三、部分直播平台的运用

（一）斗鱼直播平台的运用

斗鱼直播平台的运用可以通过以下几个步骤完成。

第一步：打开斗鱼网站（http：//www.douyu.com），点击右上角的"登录"，选择微信登录，如图 4-12 所示。

图 4-12 斗鱼登录

第二步：登录后，选择"开播"，如图 4-13 所示。

图 4-13 斗鱼游戏开播

第三步：进行"绑定手机号"、"实名认证"和"填写直播间信息"，如图 4-14 所示。

第四章 全媒体直播营销的设施设备

图 4-14 认证斗鱼之播

第四步：认证成功后，在"个人中心"点击"主播中心"，如图 4-15 所示。

图 4-15 点击"主播中心"

第五步：在"主播中心"里点击"直播相关"，选择"直播设置"。在"直播设置"里打开"直播开关"，之后就可以得到"rtmp 地址"和"直播码"。如图 4-16 所示。

图 4-16 直播设置

第六步：打开 http：//www.driftlife.co/smartlive，把 Wi-Fi 的名称和密码填到对应的输入框，直播平台选择"其他"；再把上一步的"rtmp 地址"和"直播码"输入到 RTMP 网址栏中，如图 4-17 所示。

图 4-17 直播配置

第七步：点击"创建直播脚本"，即可生成一个直播脚本代码"fmcam.conf"，将代码复制到摄像机的目录下。开机后，摄像机拍摄的画面就会在斗鱼平台上同步播出。

第八步：斗鱼平台的"直播码"会定时刷新，再次使用前请确认"直播码"是否已刷新。

第四章 全媒体直播营销的设施设备

（二）YY 直播平台的运用

YY 直播平台的运用可以通过以下几个步骤完成。

第一步：打开 YY 网站（http：//www.yy.com），点击右上角的"登录"，选择微信帐号登录，如图 4-18 所示。

图 4-18　YY 登录

第二步：登录后，点击自己的头像，选择"个人中心"，如图 4-19 所示。

图 4-19　进入"个人中心"

第三步：在"个人中心"申请"成为主播"，实名认证后才能成为主播，一般需要 1～3 日审核时间。

第四步：通过审核后，在"个人中心"点击"开播设置"，即可找到"推流地址"和"直播码"，如图 4-20 所示。

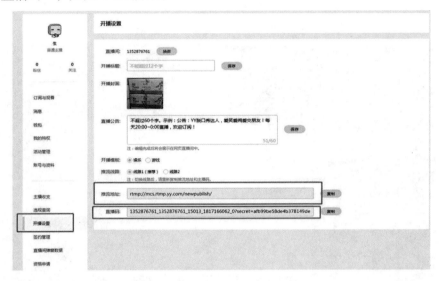

图 4-20 开播设置

第五步：打开 http：//www.driftlife.co/smartlive，把 Wi-Fi 的名称和密码填到对应的输入框，直播平台选择"其他"；再把上一步的"推流地址"和"直播码"输入到 RTMP 网址栏中，如图 4-21 所示。

图 4-21 直播配置

第六步：点击"创建直播脚本"，即可生成一个直播脚本代码"fmcam.conf"，将代码复制到摄像机的 SD 卡目录下。开机后，摄像机拍摄的画面就会在

YY 直播平台上同步播出。

第七步：直播平台的"直播码"会定时刷新，再次使用前请确认"直播码"是否已刷新。

（三）虎牙直播平台的运用

虎牙直播平台的运用可以通过以下几个步骤完成。

第一步：打开虎牙网站（http://www.huya.com），点击右上角的"登录"，选择微信帐号登录，如图4-22所示。

图4-22 虎牙登录

第二步：登录后，点击右上角的"开播"，如图4-23所示。

图4-23 选择"开播"

第三步：进行"绑定手机号""验证身份"和"完善个人资料"，如图4-24所示。

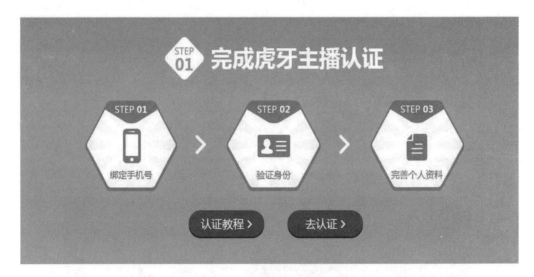

图 4-24 虎牙主播认证

第四步：认证成功后，在"个人中心"点击"我是主播"，选择"主播设置"。在"主播设置"里选择"开通远程推流"，再点击"获取推流地址并开播"。如图 4-25 所示。

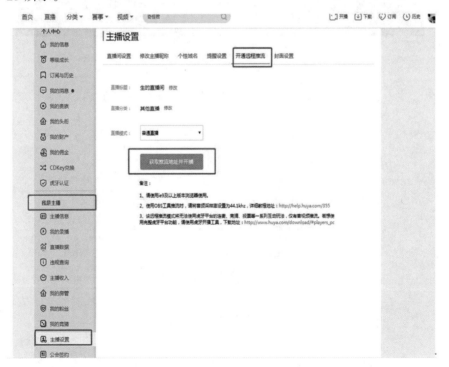

图 4-25 开通远程推流

第五步：复制"推流地址"的信息，如图4-26所示。

图4-26　复制推流地址

第六步：打开http：//www.driftlife.co/smartlive，把Wi-Fi的名称和密码填到对应的输入框，直播平台选择"其他"；再把上一步的"推流地址"输入到RTMP网址栏中，如图4-27所示。

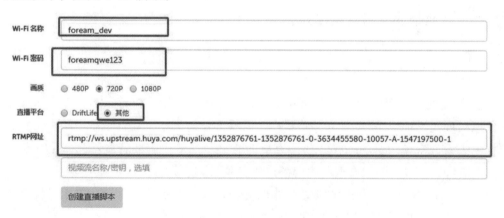

图4-27　直播配置

第七步：点击"创建直播脚本"，即可生成一个直播脚本代码"fmcam.conf"，将代码复制到摄像机的目录下。开机后，摄像机拍摄的画面就会在虎牙直播平台上同步播出。

第八步：直播平台的"直播码"会定时刷新，再次使用前请确认"直播码"是否已刷新。

第四节　直播间的场景装饰

直播间最重要的三个元素是场景、人和产品，其中直播间的场景可以分为产品型、人设型和陪伴型。打造好的直播间场景，能提高直播间的销售转化率。

产品型场景，顾名思义就是直播间的展示以产品为主，是目前商家进行直播最常见的场景类型，适合低势能主播人设搭配使用。在产品型直播间场景搭建的过程中，要扬长避短，尽量放大产品的卖点，锁定核心目标消费群体。

人设型场景常见于高势能及平势能的主播人设，在搭建直播间场景的过程中，需要突出主播人设的特点，便于建立粉丝对主播的持久信任感。

陪伴型场景较为少见，用户在直播间产生停留的决定性因素并不在于商品和主播人设，更多取决于直播间的主题，以及直播间的各种互动环节是否能够吸引消费者。

整体来讲，直播间场景的搭建一定要锚定直播间人设定位，并与核心销售商品有强关联。对于主播人设势能低的直播间，应该更加突出商品的特点，对于高势能主播人设，应该结合主播的特点进行场景搭建，吸引粉丝关注、停留，提高用户黏性，以利于销售转化。

一、直播间的场景装饰方法

（一）背景布的选择

直播间背景布的选择因人而异。较多的直播间使用广告背景布，在背景布中虚拟出现实场景。比如3D立体背景布，直播间没有书柜，在背景布中印上书柜，挂上去看起来就像真的一样。如果直播时有展示活动内容或者展示品牌LOGO之类的需求，可以定制印有这些内容的广告背景布。

除了广告背景布，还可以选择纯色背景布，纯色背景布一般会使用涤棉混纺面料。比如一些婚纱摄影店使用的背景布就是这种类型，不透光、不反光，可以根据需求制作背景。如果考虑到吸光的问题，要让整个直播画面更纯净，主播和产品更突出，纯色背景布可选择植绒面料。

当然，也可以直接用直播间的墙体作为背景墙，直播间的背景墙应简洁、大方、明亮，色调以浅色或纯色为主，通常灰色系偏多，可以和任何色彩搭配。灰色是摄像头最适合的背景色，不会过度曝光，给人视觉上的舒适感，有利于突出服装、妆容或者产品的颜色。尽量不要用白色背景，因为白色容易反光，可以使用虚拟背景图来增加直播间的纵深感。直播间背景布装饰如图4-28所示。

第四章　全媒体直播营销的设施设备

图 4-28　直播间背景布装饰

(二) 直播间的装饰

如果直播空间很大,为了避免直播间显得过于空旷,可以适当地放一些室内小盆栽、小玩偶之类的物品,但布置不宜过于复杂,干净整洁即可。也可以在墙上挂一幅水彩画或风景画,素净而文雅,看起来充满艺术气息。

如果主播想让直播间看起来更有活力,也可以在直播间布置几盆绿植,来提升直播间的氛围。例如仙人球,不仅有清新空气的作用,对视觉也有好处。

如果是节假日,还可以适当地布置一些跟节日相关的道具,或者主播配上节日的妆容和服装,以此来吸引观众的目光,提升直播间人气。直播间背景墙装饰如图 4-29 所示。

图 4-29　直播间背景墙装饰

(三)直播间的陈列品

直播间除了有背景布之外,还有陈列品。具体陈列何种物品,还要看是品牌型直播,还是导购型直播。

服饰类的直播间可以摆放陈列模特,但最好不要超过两个,因为直播间本来空间就不大,陈列模特太多容易喧宾夺主,而且占据主播的展示及活动空间。

不同于使用陈列模特的服饰类直播间,美妆类直播间最好放置展示柜,既能体现出层次感,也方便主播推荐直播产品,同时能增加直播间的专业度,让用户产生信任感。直播间的陈列装饰如图4-30所示。

图4-30 直播间的陈列装饰

(四)直播间地面的布置

对于直播带货的朋友来说,直播间地面的布置是最容易被忽略的场景布置,但是在某些品类直播中它的作用却非常大。直播间地面可以选择浅色系地毯、木地板,这类地面在美妆、服饰、珠宝等品类的直播中效果很不错;也可以使用一些北欧风、绒布地毯,增加直播间的高级感,提升格调。直播间地面的布置如图4-31所示。

第四章　全媒体直播营销的设施设备

图 4-31　直播间地面的布置

二、直播间的装修风格

（一）服饰类直播间

服饰类直播间的装修风格取决于行业属性、用户群体和运营规划。服饰类直播一般偏向于推销本店的产品，因此直播间装修无须过多投入，在一定的空间内能保证视频流畅地展现出本期的产品就可以了。为了拍出较好的画面，建议服饰类直播间采用整体简约的装修风格。此外，直播间的面积不宜太小，宽敞的直播间搭配专业的灯光效果，会给观众带来良好的视觉感受。服饰类直播间的装修风格如图 4-32 所示。

图 4-32　服饰类直播间的装修风格

（二）美食类直播间

美食类直播间要通过装修营造良好的氛围感，以温馨和舒适为主要装修风格，由于食物是主要的展示内容，建议采用明亮、自然的色调，如绿色、原木色等。直播间的灯光效果需要进行特殊处理，突出被摄主体。直播场地不用过大，能容纳主播以及摄影团队即可。美食类直播间的装修风格如图4-33所示。

图4-33　美食类直播间的装修风格

（三）化妆品类直播间

化妆品类直播间一般以温馨、明亮为主要的装修风格，直播间灯光效果一定要好，这样才能凸显美妆效果。重点注意化妆品位置的摆放，要突出化妆品包装的精美，让化妆品显得有档次。化妆品类直播间的装修风格如图4-34所示。

图4-34　化妆品类直播间的装修风格

第四章　全媒体直播营销的设施设备

综上所述，直播间的装修风格要与时俱进，要与自己的产品风格相符合，设计新颖别致，突出直播主题，能够让人眼前一亮，从而提升直播间的整体形象与格调。

思考题

一、简要说明直播音频处理的一般流程。
二、思考不同环境中直播硬件设备的选择方法。
三、简述直播镜头和灯光设置方法。
四、简述直播软件的选择要素。
五、市面上有哪些直播软件可供选择？分别有什么特点？
六、简述斗鱼平台的直播操作流程。
七、简述虎牙直播平台的直播操作流程。
八、直播场景装饰要素是什么？
九、简述直播间装修风格的分类。

第五章　全媒体直播营销策略

【目标】

通过本章的学习，学生应了解打造品牌价值和打造主播人设的意义，学习打造主播人设的方法、主播妆容的要求和化妆的流程及要点，熟悉主播服装穿搭技巧，包括服装配色法则、服装色彩搭配技巧和法则；掌握直播中肢体语言的运用技巧、主播基础话术，以及直播间留人技巧；充分理解粉丝转化和维护方法及粉丝管理的技巧。

第一节　全媒体直播营销的技巧

全媒体直播的出现促使营销领域发生了巨大的变革。全媒体直播营销具有碎片化、精准化、互动性等特点和优势，与消费者的沟通更加便捷并达到了深入的传播效果，越来越多的企业、商户和营销从业者在传统营销的基础上积极策划全媒体直播营销活动。全媒体直播营销的价值主要体现在商品的品牌价值和主播个人能力与技巧的展现。

一、打造品牌价值

品牌是企业的无形资产，树立一个良好的品牌形象对于企业长期发展尤为重要。良好的品牌形象会得到广大消费者的认可，并深深扎根于他们心中，能够使企业在强有力的市场竞争中保持优势，同时牢牢抓住消费者的购买欲望，刺激消费者重复消费该企业的服务和产品。品牌营销主要是通过建立品牌和消费者之间的联系，在加固消费者忠诚度的基础上，扩大销售市场。以前企业想要树立良好的品牌形象，过程及其漫长且艰难，往往需要花费多年甚至数十年，才能让品牌根植入消费者的心中。而企业千辛万苦建立起来的品牌形象有可能因为企业的售后问题、产品的缺陷、营销方式的不当而受到损害，甚至一落千丈。所以，企业需要一个能够快速打造品牌价值的渠道。随着人人直播时代的到来，直播可以从以下三个方面帮助企业进行品牌价值的塑造。

第一，直播可以为企业挖掘、培养一批品牌的忠实用户。随着经济的发展和人民生活水平的提高，购买不再是仅仅为了满足基本生理需求而产生的行为。现在有一半以上的购买行为都是消费者为了满足心理需求而产生的，因此消费者在购物时时常带有强烈的情感因素。而品牌就是抓住消费者情感的最佳道具，使消费者的情感对品牌变得更加"忠诚"，是直播为品牌营销创造的重要价值之一。

第二，直播在线上提高消费者对品牌相关产品的体验。大多数企业通常采用的线上推销方式是通过图文进行产品描述，也有部分企业会穿插短视频，但是这种方式其实和社交门户的广告极为类似，甚至更加繁复，让大多数消费者难以完整、仔细地看完。而产品所有的使用方法、使用过程、使用细节以及注意事项都可以通过直播直观地展现在消费者的眼前，并且消费者可以通过直播平台对产品进行提问。当直播间的产品在消费者心中留下了良好的印象时，品牌形象自然也会获得加分。

第三，直播能提高品牌曝光率。品牌曝光率是品牌营销中最重要的部分，企业建立品牌形象的过程几乎都是围绕着品牌曝光进行的。只有让品牌尽可能多地被消费者了解、熟知，才能真正达到品牌营销的目的。直播平台聚集了互联网中的流量，流量是人群、是消费者，把品牌丢入直播平台这种"流量池"中，自然就会掀起传播的"涟漪"。在品牌参与直播的过程中，企业必须不断地做直播内容上的创新，向消费者展示最新、最优质的品牌文化内涵，才能在"流量池"中不断地吸收流量。否则，即使直播为品牌带来了价值，这种价值也是短暂的，因为消费者无法获得新颖、优质的内容，就会在心理上产生厌倦，最终造成品牌价值的流失。

在直播营销的时代，直播作为一种工具可以为企业打造品牌价值和品牌效应。一些已经具备了一定品牌影响力的国际企业也会采用直播、短视频、微电影等流量曝光方式来维护、创造品牌价值，甚至将通过直播打造的品牌价值作为市场竞争的武器之一。

二、打造主播人设

人设是指人物形象的设定，原指小说、电影、动漫作品中作者在人物家庭、外貌、性格、穿着、造型等方面的设定，随后延伸到其他文艺创作领域，并逐渐成为网络常用语，指某人的社会形象。可以说，无论在艺术创作中，还是在社会生活的"大叙事"中，"人设"都在积极发挥作用，它不仅便于传播、交流，也包含自我要求和自我塑造。作为公众人物，主播也会在媒介空间塑造自身社会形象，打造"人设"。主播在直播时的声音、妆容、服装和肢体语言，都会对其人设产生重大的影响。

（一）气息运用技巧

气息作为发声的动力，在讲话的过程当中起着重要的推动作用，所以也就有了"气者，音之帅也"的说法。而讲话时的气息状态除了由习惯决定之外，还有一个更为重要的因素，那就是情绪。情绪和气息的配合尤为重要，只有情绪稳定，才能自如地运用气息，语言才会有感染力。直播中强调以情运气，气随情动，以气辅声，随气发声，做到掷地有声，声声入耳。

运用气息的具体实施步骤为：首先调整自己的情绪，然后配合呼吸调整气息，最后调动全身进行配合，产生更多共鸣。主播在直播中运用气息时要注意技巧。

1. 偷气

在句子较长，意思不能中断，不允许中间停顿换气时就得偷气。偷气是指短暂而无声地吸气，动作要快而且小，不能让听众感觉出来，即快而不露的换气。值得注意的是，偷气要吸得少、吐得快。

2. 补气

直播中主播的感情随时要转入高潮，为了表达更激昂的感情，积蓄力量，中间要补气。值得注意的是，补气的时间和动作要比偷气长一些、慢一些。

3. 提气

一般主播在向观众传递让人振奋的好消息或令人兴奋的内容时，要预先把气从丹田提起来，但要控制好程度，切忌直接提到嗓子眼或者上胸部。

4. 大吸气

一般在气势比较强烈的句子的开头，需要用大吸气来表现激昂的情感。大吸气类似于深呼吸的感觉，一般作为一种表达的技巧使用，以口吸气，并且要发出吸气的声音，多用于表达惊讶、恐怖、悲伤等感情。

5. 憋气

憋气一般用于强烈的感情爆发前或制造悬念时，或为引起听众对下面的话的注意，说话时中间停顿，气息要憋住，不能松懈。

6. 挺气

挺气一般用于抒情的、亲切的内容，气好像被托着一样，声音比较轻、比较柔和。

7. 长呼气

长呼气多用于感慨、感叹、叹息时，边说边往外大呼气，一口气伴随着语言同时呼尽。

8. 沉气

沉气时需要小腹放松、气息下沉，声音比较饱满、低沉，多用于表达凝重的感情和深沉的内容。

9. 顿气

主播直播时感情非常激动，需要利用顿气来达到一种气抖声颤的效果。

（二）发音技巧

直播的发音技巧包括：发音时应避免用嗓子发力而使用丹田发力；嘴巴尽量张大，吐字清晰；恰当运用舌头，注意发音时舌头的位置，以便使发音更清楚。

（三）发声练习

主播练习发声的方法有以下几种。

1. 气息练习

气息是声音动力的来源，充足、稳定的气息是发声的基础。气息发声的要点：小腹收缩，胸腔起伏，胸腹联合。气息发声的方法：讲话时的呼吸方法应采用胸腹式联合呼吸法（即丹田呼吸法），这种方法靠丹田的力量控制呼吸，使腹部和丹田充满气息，为发音提供充足的"气"，同时小腹向内收缩，胸腔向外扩张，以小腹、后腰和后胸为支柱点给发音提供充足的"力"。

2. 张嘴练习

正确的张嘴方法是，下巴放松，不要上下移动，用头后上部的力量把头抬起，以促使嘴部自然向上张大。

3. "气泡音"练习

练习"气泡音"时可以做打哈欠状，从高到低发"啊"这个音，当发音到最低音区时，就会听到声音如一串气泡冒出来，这就是"气泡音"。"气泡音"是一种很好的开嗓方式。

4. 饶舌练习

闭上嘴唇，把舌尖伸到齿前，先顺时针转5周，再逆时针转5周。饶舌练习可以增强舌头的力量。

5. 声带训练

清晨在空气清新处"吊嗓子",吸足一口气,身体放松,张开或闭合嘴,由自己的最低音向最高音发出"啊"或"咿"的连续声响,还可以做高低音连续起伏变化的练习。

6. 音阶练习

练习音阶时可以选一句话,在自己的音域范围内先用低调说,一级级地升高,然后一级级地降低,再一句高一句低,高低交替。

此外,在选择韵母因素较多的词语或成语进行练习时,可运用共鸣技巧做夸张的四声练习,例如清正廉洁、英勇顽强。

7. 绕口令练习

在练习绕口令的过程中,不要单纯追求速度,一定要把每一个音发饱满,发音一定要标准,语速要适中,在练习绕口令时可以逐字、逐词、逐句地渐进练习。

第二节　主播的化妆技巧

化妆是一种修饰,可凸显肤色和五官的优点或掩饰瑕疵。在网络直播中,主播精致的妆容可以提升主播的个人魅力,更可以加深粉丝对主播的印象,提高粉丝对主播的好感度。

一、主播妆容的要求

为了达到较好的直播效果,主播在直播时一般会使用美颜灯和柔光灯,而不同的直播平台也具有不同的美颜功能。图 5-1 所示为主播使用手机美颜的效果。但直播时使用美颜滤镜技术,除了美化人脸外也会磨平商品的细节,严重影响商品的质感,进而影响直播间观众对商品的判断,可能引起售后纠纷。所以,大部分商家会要求主播关闭美颜功能,让主播呈现商品本来的样子。

所以在直播间直播时,主播需要通过化妆来确保直播效果并增强人气。主播在直播时要选择适合自己的妆容风格,同时要考虑直播的场合和主题。

图 5-1　主播使用手机美颜的效果

因为镜头和灯光会影响化妆的效果，所以主播不需要化专业舞台妆，在妆容浓度上比日常通勤妆容稍微浓一点即可。妆容浓不是指颜色的浓，而是塑造五官的立体度，让人看起来气色好，比较有精神。

二、化妆的流程和要点

（一）化妆流程

化妆的流程为妆前护肤、打底和上彩妆。具体步骤是先涂妆前乳，接着进行遮瑕，涂抹粉底液，打上高光，再用散粉定妆，然后画眉、画眼影、画眼线、涂睫毛膏，进行修容，打腮红，最后涂口红。走上直播岗位的男性和女性在上镜前都需要适当地化妆，修饰仪表。

1. 妆前乳

直播时会切一些高清的特写镜头，因此，主播应注意脸上没有大面积的瑕疵，或者很明显的卡粉、脱妆。妆前乳的主要效果是修饰肤色、遮盖毛孔，还能够起到更易上妆的作用。干皮可以选择补水保湿类的妆前乳；油皮或混合型皮肤可选择清爽控油类的妆前乳；对于其他肤质，如果皮肤泛红、有痘印，可选择绿色妆前乳，暗黄、暗沉的肤质可选择紫色妆前乳，毛孔粗大可选择含硅的隐藏毛孔类妆前乳。

2. 遮瑕

为了让脸在镜头上看起来是干净的，可对脸部进行遮瑕，没有太大瑕疵的面孔可用单色遮瑕，瑕疵多的可用多色遮瑕。遮瑕的方法和步骤为：使用遮瑕产品涂抹下眼睑，遮盖黑眼圈；遮盖面部瑕疵部分，如痘印、红血丝等；覆盖泪沟、法令纹等面部凹陷部位，提亮肤色；遮盖雀斑。遮瑕颜色选深色还是浅色要根据自己的肤色来定，一般情况下，遮瑕产品要选择比自己肤色深一个色号的颜色，这样可以使妆容更加自然。

3. 粉底液

粉底液的作用是对整体的肤色进行调整，使肤色均匀，面部清透干净，看上去气色好。

（二）化妆要点

1. 底妆

底妆以轻薄为主，若妆感太重，上镜时会产生一种"假面感"。应做好定妆，尽量打造哑光雾面的妆感，不要追求水光肌、奶油肌，否则上镜后会显得油光满面。可以用散粉和定妆喷雾定妆。

2. 眉毛

画眉的时候，首先要给眉毛定下一个轮廓，从正面看，眉峰和眉尾稍稍高于眉头，眉头淡，眉坡深，眉峰自然柔和，眉尾清晰。

3. 眼妆

眼妆是专门针对眼睛及眼睛周围部分进行上妆，可以让眼睛更漂亮，掌握画眼妆的小技巧，会让整场直播更加完美。主播可以根据眼型去打造适合自己的独特的眼妆，上镜时达到双眼炯炯有神的效果。

使用眼影可以让眼部散发迷人的韵味，明亮的淡色眼影可以制造出清澈诱人的双眸，而丰富有层次感的多色眼影会让眼部焕发动人的光彩。日常的简单直播，主播可以选择单色或双色眼影。在活动日或比较重要的直播中，主播可以选择多色眼影。

眼影的不同色彩可晕染出不同的浓淡渐变层次，主播可以灵活运用不同的眼影色，演绎出或知性成熟、或高雅大气、或温柔妩媚的多彩风格。在画眼影时，首先要学会打造浓淡渐变的层次，然后选用适合自己的颜色去上妆。上妆时火苗刷从后往前晕染，用大扁头刷去打底色、眼窝色，用小扁头刷刷眼尾色，晕染刷从后往前打圈，进行晕染。图5-2所示为三色眼影画底色、眼尾色、提亮色的步骤。值得注意的是，眼影晕染的范围不要超过眼窝位置，要少量多次上色，以免晕染过度。

图5-2 三色眼影的打法

图5-3所示为四色眼影的打法，用四色眼影画底色、眼尾色、提亮色和晕染深色。

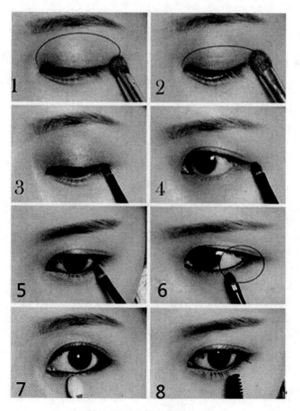

图5-3 四色眼影的打法

如果主播想在直播时让自己的眼睛更有神、更有立体感，可以通过画卧蚕和下眼影来达到好的上镜效果。而眼线可以改变眼睛的形状，调整眼睛轮廓和两眼间的距离，使眼睛更有神采，使眼睛黑白对比强烈。图5-4所示为眼线的画法。值得注意的是，画内眼线撑开眼皮时不要留白。

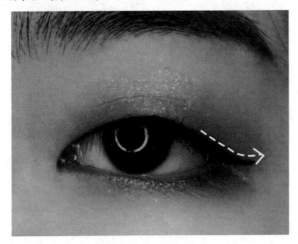

图5-4　眼线的画法

4. 腮红和高光

为了上镜时看起来元气满满，可以使用腮红修饰脸型，主播可根据直播的风格选择腮红的颜色。高光选择哑光或贴近肤色的颜色，不要选蓝色偏光或紫色偏光。图5-5所示为腮红和高光的画法。

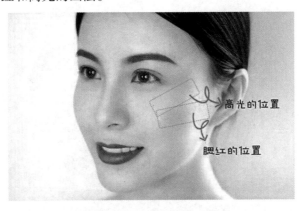

图5-5　腮红和高光的画法

5. 唇妆

唇妆是指唇部的美容化妆。唇妆应纯正而富有光泽，完美的唇妆应像熟透的水果。嘴唇丰满者适合用透明、红润的唇妆，或巧克力色的唇妆；嘴唇偏薄者的唇妆可用两种色彩的唇线笔做修饰,先用唇线笔画出唇线,抹上唇膏,再用一支白色或米色的唇线笔在上唇描出唇线,加深轮廓。唇妆的样式包括咬唇式、满唇式、晚晚式和吻唇式,如图 5-6 所示。

图 5-6　唇妆的四种样式

（1）咬唇式。

这种唇妆是近几年年轻女性的最爱,它来源于咬住嘴唇后,嘴唇呈现出的颜色。当上下嘴唇咬住之后,在唇部中间会凸显出暗红的颜色,其他地方并不明显,这样的唇妆看似简单,但要做到嘴唇的有型而无边是比较难的。

（2）满唇式。

这种唇妆是基本的唇妆,它比较适合唇型标准好看的女性,在生活妆中用得最多的也是这种唇妆。满唇式唇妆的唇线一定要画得清晰流畅而不死板。如果是唇型比较小的女性,画满唇妆时可以按照标准唇型进行修饰,让唇部看起来更饱满。

（3）晚晚式。

晚晚式唇妆是一款非常优雅的唇妆,这款唇妆不适合厚唇的主播,而适合薄唇或唇峰比较尖的主播。打造这款唇妆要注意的是唇峰,唇峰要画出圆润饱满的感觉,上唇的唇角画圆,唇峰也画得圆润,这样才能显出晚晚式唇妆的特点。

（4）吻唇式。

吻唇式唇妆没有清晰的唇线,嘴唇边缘的唇膏向外晕染开,仿佛被吻过后的样子,给人一种温柔又浪漫的感觉。这款唇妆如果画得好,有减龄的效果。

第三节　主播的服装穿搭技巧

服装是一种"无声的语言",它显示了一个人的社会地位、思想修养、性格特征、心理状态、审美情趣等多种信息,也能表现出一个人对自己、对他人以及对生活的态度。主播在选择服装时不仅要考虑和妆容、发型、气质相搭配,还要考虑自己的人设和所走的风格路线。

一、配色法则

配色法则是先根据个人肤色确立服装的主色,明确个人风格,或根据主播间的整体风格确立主色,然后根据自己的妆容、发型、气质确定搭配色。挑选颜色简单干净的服装,主播的上镜效果会更好。

(一)确立主色

主播在选择服装颜色的时候应该做到主次分明,服装的主色调应当依据自身的肤色确定,毕竟不是所有的颜色都适合自己。根据不同肤色应搭配不同的服装色彩,这样才有助于塑造主播的最佳形象。

1.肤色偏白的主播

肤色偏白的主播为了让自己的面部看上去有血色,不显得苍白,应尽量避开纯白等冷色调。

2.肤色偏黄的主播

肤色偏黄的主播为了避免面呈菜色,应当避免使用绿色,此外,由于紫色会和黄色形成互补,造成面部暗沉,也不宜使用紫色。肤色偏黄的主播更适合暖灰色调和纯度适中的蓝色,也可用鲜亮色进行点缀。

3.肤色偏黑的主播

肤色偏黑的主播适合纯度较高的深色,在使用鲜亮的紫、蓝两色时要谨慎,浅黄、粉红等明亮的浅色更应当避免使用。金、银色调颜色单一,适合肤色偏黑的主播。

4.肤色偏红的主播

肤色偏红的主播应当使用深浅灰、浅驼、浅蓝等颜色,谨慎使用暖色。绿色作为红色的互补色,会使偏红的肤色显得更加突出,造成很不协调的对比,应避免使用。

（二）色彩搭配技巧

不同的色彩会带给人不同的心理感受。比如：红色会给人热情开朗、积极向上的感觉；粉色会给人浪漫、温和的感觉；橙色会给人健康、温暖、活跃的感觉；黄色会让人觉得充满活力、充满希望、生机勃勃；绿色会让人觉得清新自然、安全、愉快；蓝色会给人宁静、沉稳、知性的感觉；紫色是高贵、优雅、神秘的颜色；黑色显得端庄、严肃、执着；白色是让人觉得纯洁、善良、天真的颜色；灰色是让人觉得稳重、内敛的颜色。男主播的服装颜色不宜过于鲜艳，女主播可选择色彩亮丽的服装，但是不要过于花哨。

在服装色彩的搭配上，以全身不超过三种颜色为佳，一般整体颜色越少，越能体现主播优雅的气质，并给观众留下鲜明清晰的印象。色彩搭配的技巧包括以下方面。

（1）上衣浅色，下装深色，显得端庄、搭配、恬静、严肃。
（2）上衣深色，下装浅色，显得明快、活泼、开朗、自信。
（3）突出上衣时，下装颜色要比上衣稍深。
（4）突出下装时，上衣颜色要比下装稍深。
（5）绿色比较难搭配，在服装搭配中可与咖啡色和白色搭配在一起。
（6）上衣有杂色，下装应穿纯色。
（7）下装是杂色时，上衣应避开杂色。
（8）上衣花型较大或复杂时，应穿纯色下装。

服装配色法则如表 5-1 所示。

表 5-1 服装配色法则

主色（鲜艳色）	搭配色	主色（浅色）	搭配色
蓝色（泛紫）	黑色、白色、鲜绿色	白色	黑色，所有的深色和鲜明的色彩
绿松色（蓝色泛绿）	白色、棕黄色、藏青色	浅米色	黑色、红色、褐色、绿色
绿色（偏蓝）	白色、黑色、藏青色	浅灰色	褐色、红色、深绿色、深灰色
绿色（偏黄）	白色、米色、棕黄色	天蓝色	褐色、紫色、米色、深绿色、深红色
金黄色	白色、黑色、褐色	粉色	米色、紫色、灰色、藏青色

续表

主色 （鲜艳色）	搭配色	主色 （浅色）	搭配色
柠檬色	白色、黑色、橙色、深绿色、淡粉、藏青色	浅黄色	黑色、褐色、灰色、藏青色
橙色	白色、黑色、柠檬色、深绿色	浅紫色	褐色、深紫色、藏青色
紫红色	白色、藏青色	浅绿色	红色、深绿色
朱红色	白色、褐色		
紫色	白色、褐色、粉色、天蓝色、绿松色		

二、搭配法则

服装搭配的原则主要是服装在款式、颜色上相协调，整体达到得体、大方的效果。服装搭配得好可以让一个人看起来更有气质，而且容易给人留下好印象。

（一）服装风格类型

1. 多层式着装

多层式着装即采用多层次配套式的着装形式。通常是上身穿中长外衣、衬衫，或衬衫、短款背心，或衬衫、圆领T恤，下配裙子或裤子。无论怎么搭配，都能带给人一种视觉上的节奏感。

2. 阶梯式着装

阶梯式着装指服装的搭配具有阶梯式效果，比如穿多件套裙，最里面为短背心，短背心外再穿一件比背心长出一截的外衣，最下面是裙摆。每件服装的颜色虽然有所差异，却能和谐地组合在一起，表现出一种随意、自由、活泼的休闲风格。

3. 稚气化着装

稚气化着装是适用于女性的着装风格，不强调女性曲线美。比如身穿印有卡通形象的时装或运动装，或穿高腰节连衣裙，总之，着装后给人以纯情稚嫩之感。

4. 运动式着装

运动式着装通常是时装化运动装搭配运动鞋，或T恤、休闲裤与运动鞋组合，或宽松的毛线上衣与牛仔裤搭配等。

5. 都市化着装

都市化着装通常是穿着裁剪合身的套装，款式简洁，和谐得体，色彩趋于中性色调，给人以典雅、大方的印象。

(二)服装与形体搭配

1. 标准体型着装

强壮型、中间型、匀称型都属于标准体型,这类人在选择服装的时候应以能体现出体型美为原则。

2. 肥胖体型着装

肥胖体型的人不宜穿过肥或过紧的服装,也不宜穿浅颜色、横条纹、大花形、鲜艳的暖色服装,因为这些服装易给人造成脂肪过多、体态臃肿的印象。而合体的服装或竖条纹、深颜色的服装加上恰到好处的配饰,可以使体型在视觉上匀称一些。

3. 瘦弱体型着装

瘦弱体型的人应尽可能选择增强体型美的服装。比如瘦弱体型的男性可以穿夸张肩部和垫厚胸部的上衣,衬托出男性的魁梧;瘦弱体型的女性既不宜穿宽大的衣裙,也不能穿紧身的服装,可以对服装施以"膨化法",但在饰品上要相对缩小,以起到反衬的作用。

(三)体型缺陷的弥补技巧

1. 颈部弥补技巧

脖子较长的人,可选用各式立领或缀有蝴蝶结、花边等显得有些复杂的领型的服装。如果脖子较长,上装就不宜过于宽大,下装则不要过于扩张;脖子粗短的人,适合选用开有较深的"V"形领或大圆领的服装,以增强颈部细长感,而高领、领口紧的服装容易给人造成颈部粗的感觉,应避免选用。另外,夸张肩部的服装也会使人的脖子显短。

2. 臀部弥补技巧

臀部过大或翘臀者不应穿紧绷臀、腿的服装,长度仅抵腰部的上衣及百褶裙等也应少穿,它们会使臀部显得更大或更翘,而盖住臀部的上衣或直身连衣裙可削弱这些感觉。

3. 腿部弥补技巧

无论腿粗还是腿细,及膝或刚刚盖过膝盖的裙子、瘦腿裤都应避免穿着,长及足踝的长裙或裤管宽松的长裤则可随意选用。

4. 臂部弥补技巧

双臂粗短的人不宜选择无袖、袖子过短、削肩或吊带服装,短袖、泡泡袖的服装也应避免。若是应节目需要,必须穿露臂的服装,则应选择袖长及上臂 3/4 且不做任何装饰的服装。

5. 肩部弥补技巧

肩宽会影响女性形象的柔和美，所以这种体型的女性适合选择深"V"形领口或连肩的服装；应避免选择鱼嘴领、横宽圆领的服装，不宜穿带有厚垫肩或肩部有装饰的服装，也不要选择有蓬松袖的服装，一切造成肩宽的服装都应慎用。为了从视觉上弥补肩宽的弱点，可以采用有适当扩张感的下装，比如鱼尾裙、"A"字裙、喇叭裤等。

6. 腰部弥补技巧

腰部过粗应选择盖住臀部的上衣或自然连接腰节的连衣裙，不要穿衣长仅至腰部的上衣，此外碎褶裙也不太适合。腰部过长则不适合穿长及小腿中部的裙子和过长的外套上衣，因为它们都会使本来就长的腰身显得更长。而穿短夹克或在腰间系一条宽腰带（腰带颜色与衣服颜色接近），或穿高腰节的连衣裙，都会给人造成下半身加长的感觉。

7. 胸部弥补技巧

胸部过于丰满的女性应选用造型简洁、少装饰物的上装，不选择前胸有皱褶、有口袋或双排扣的，也不宜穿过于贴合体型的上装，应选用略有宽松度的上装。与简洁造型的上装相比，下装倒可作为表现的重点，但应避免向内收敛的造型。胸部过小或过窄的女性在选择上装时正好与胸部过于丰满的女性相反，如果选择有皱褶等装饰的上装，下装就应该注意造型的简洁（比如穿合体长裙），以免造成整体烦琐的效果。最终的服饰形象应以体现柔和的曲线美为宜。

（四）主播服饰选择的禁忌

主播服饰选择的禁忌包括：直播着装忌用与背景色反差较大或过分一致的色彩，忌用同等面积高纯度的互补色；一般情况下，着装忌用强反光、闪光色或荧光色；服装调性要与产品调性一致，忌没有连贯性和一致性；主播的着装风格应该有基本统一的基调，忌差异太大，以免造成观众对主播形象认识的混乱。

第四节 直播中肢体语言运用技巧

在直播中，肢体语言对于直播的最终效果具有很大影响。肢体语言包含手势、身体动作、面部表情、眼神等。肢体语言是一个人下意识的举动，很少具有欺骗性。

肢体语言可以通过训练进行改变，手部动作能明显增强我们对某一事物的记忆。

一、肢体语言的重要性

肢体语言（又称身体语言）是指通过头、眼、颈、手、肘、臂、身、胯、足等人体部位的协调活动来传达人物的思想，形象地借以表情达意的一种沟通方式。肢体语言是主播在直播前的必修课，不同角色在不同情况下的肢体语言也大不相同，丰富准确的肢体语言能帮助主播更出色地完成直播。

肢体语言可以提高主播的吸引力。有时候直播的重点不在于说些什么，而在于你怎么说，一些较好的姿势和更优秀的肢体语言都会让你更具有吸引力。肢体语言可以带动观众的情绪，而主播的情绪也会从肢体语言中表现出来。此外，肢体语言会从侧面传递一些信息，在沟通中，7%的信息是通过语言传递的，语气传递38%的信息，而剩下55%的信息要靠肢体语言传递。提高运用肢体语言的能力是主播提升沟通技巧和表达能力的有效方法之一。

好的肢体语言可以帮助主播树立良好形象，而主播给观众的第一印象会影响观众对主播的评价，所以善用肢体语言十分重要。

二、身体动作的使用技巧

主播在直播时不仅要有动人的谈吐，还要有得体的表情与动作。语言体现内在的思想与智慧，行为举止则彰显外在的风度和形象。直播时恰当地运用身体动作，会使主播更具有魅力。

在直播互动中，有声语言的不足可以用身体动作来弥补，肢体语言通过有形可视的、具有丰富表现力的各种动作和表情，协助有声语言将主播要表达的内容形象地展示出来，使观众在听觉、视觉两种感官的作用下对主播的意图有一个完整、确切的印象，达到主播直播的目的。

1. 手势

一般情况下，主播直播时切忌在直播间摇头晃脑、挥动双手，否则会给观众留下轻浮、不专业的印象；不要用手指去指镜头，这样非常不礼貌，也很不尊重人；讲解产品的过程中可以自然使用手势，利用一些开放式的手势传达自己的意图。图5-7所示为直播中运用手势。

图 5-7　直播中运用手势

2. 坐姿

坐姿是指就座之后所呈现的姿势，是人们在生活和工作中采用得最多的一种姿势。得体的坐姿有一种静态美。

直播中主播的坐姿不是"摆"出来的，孤立地在"造型"上摆出一个坐的姿态，追求一种风格，没有任何作用。主播的坐姿是一种"知觉造型"，体现的是一种内心情绪的自在与自为的心理过程，只有在这样的心理过程中，才能不露痕迹地完成外部形态的补足。

主播的坐姿要得体优雅，直播时切忌上身前后晃动、左右摇摆，也不要频繁晃动双腿，否则会给人不雅的感觉。图 5-8 所示为斗鱼主播直播时的坐姿。

图 5-8　斗鱼主播的标准坐姿

3. 站姿

站姿是人站立的姿势。标准的站姿为：从正面观看，全身笔直，精神饱满，两眼正视，两肩平齐，两臂自然下垂，身体重心落于两腿正中；从侧面观看，两眼平视，下颌微收，挺胸收腹，腰背挺直，手中指贴裤缝，整个身体庄重挺拔。

站姿是人的一种本能，是人们平时所采用的一种静态的身体造型，也是其他动态身体造型的基础和起点，最易表现人的姿势特征。在直播中，站姿是每个主播仪态的核心。如果站姿不够标准，其他姿势便谈不上什么优美。标准的站姿更加美观，更有利于直播效果。

主播在直播中的站姿应得体大方、自信挺拔，以凸显自身的气质。主播站立时切忌抖腿，站定时不要左右摇晃。图 5-9 所示为直播课老师的站姿。

图 5-9　直播课老师的站姿

4. 走姿

走姿是人体所呈现出的一种动态，是站姿的延续。文雅、端庄的走姿，不仅给人以沉着、稳重、冷静的感觉，还是展示自己气质与修养的重要形式。人的走姿千姿百态，每个人都有表现自己个性的步态，所以对走姿不像对站姿和坐姿那样有具体的要求，可以各见风采，但总的要求是举止得当。

直播中如需要走动时，主播的走姿可以根据直播的内容灵活调整：轻松的内容，步子可以快一点；沉重的内容，步子要慢一些；有时直播内容需要主播走到一定位置后弯腰或蹲下，这时注意不要撅臀，以免损害形象。

另外，步幅的大小应根据身高、着装与场合的不同而有所调整。女性在穿裙装、旗袍或高跟鞋时步幅应小一些，体现穿着者的优雅端庄，相反，穿休闲长裤时步伐可以大一些，凸显穿着者的靓丽与活泼。图 5-10 为直播旗袍秀的走姿。

图 5-10　直播旗袍秀的走姿

三、眼神

主播若能在直播间良好地运用眼神，与观众进行适当的眼神交流，不仅能够更好地进入直播状态，也能向观众展示自己良好的精神风貌，获得观众的好感。

1. 注视

直播时应学会用眼睛说话，把自己真实的感情流露在眼睛里，随时运用眼神和观众进行感情交流，这对主播取得良好的直播效果很有帮助。主播在直播间运用眼神注视现场的方法有以下几种。

（1）前视法。

前视法是视线平直向前流动的方法，要求主播的视线平直向前流动、统摄全场。视线的落点应放在直播画面的中间，同时适当变换视线、扫视全场。这种方法既有利于主播保持良好端正的姿态，随时注意调节直播的气氛和观众的情绪，又能让观众感觉主播在关注自己，从而提高注意力及兴趣。

（2）专注法。

专注法是将视线集中在某一点或某一面的方法，要求主播的视线重点停留在直播时提及的某一地方，并和观众进行交流。这种方法可以启发、引导观众思考，达到主播直播的目的。

（3）虚视法。

虚视法是指主播在直播中陈述某种观点或介绍物品时眼珠向左或向右移动。这种视而不见的注视方法可以减轻主播的心理压力，还可表示自身正在思考，把观众代入想象的境界。

2. 交流

眼睛除了用来注视之外，还应用来进行交流。如果注视是为了体现主播的身份，那么交流更是表现亲和力的必要手段。人在无意识的状态下容易出现一些不好的表情，因此在面对直播镜头时，主播更要培养自己的眼神管理意识，避免出现冷漠的眼神。直播时可有意识地让眼轮匝肌稍用力，往上抬一抬，制造卧蚕，看上去会温柔很多。

在直播过程中，主播应注意用眼神的变化来表达自己内在的丰富感情。主播的思想感情总是随着内容而起伏变化的，比如说到高兴处，应睁开眼，让它散发出兴奋的光芒；说到哀伤处，可让眼皮下垂，或让眼睛呆滞一会儿，使感情显露出来等。

在直播时主播要通过镜头和观众自然交流，切忌斜视、眼神飘忽，否则会给人很不自信的感觉。图5-11所示为主播在直播中的眼神交流。

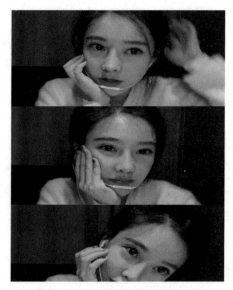

图 5-11　主播在直播中的眼神交流

四、面部表情

面部表情是指通过眼部肌肉、颜面肌肉和口部肌肉的变化来表现各种情绪状态。面部表情是一种十分重要的非语言交往手段，主播们往往会通过面部表情的变化来表现自己内心的情绪和情感。主播的面部表情不仅是节目风格特点的反映，也是主播自身能够给观众留下深刻印象的因素之一。

主播可以通过面部表情进行情感的交流与信息的传递，因此主播的面部表情管理也会对直播的效果产生影响。若主播能够适当地运用好面部表情这一无声语言，就能达到"无声胜有声"的直播效果。

1. 微笑的表情

微笑在所有的社会交流中都有着积极的含义，主播通过微笑能够向观众表现友善的态度，展示良好的交流意愿。

微笑能使人脸部出现较多的轻度曲线，让血液流动加快，显得肤色红润鲜明，光彩照人。直播中的微笑能使观众产生快慰、亲切、友好、满意的情绪体验，同时对主播产生好感。

微笑的表情在直播中还可以调节气氛，减轻直播中因不愉快的互动或突发事件给主播带来的压力。

2. 真实的表情

所谓真实的表情，是让观众能从主播的表情看到主播真实的内心。人的面部表情往往是一种本能的生理反应，但有时也会由于特殊原因、特殊环境，或为达到某一目的,而给自己带上一个"假面具"。直播时主播面部表情一定要真实,任何装模作样、矫揉造作的面部表情都会令人反感,甚至影响直播的氛围。

另外,真实的表情还要做到恰如其分。主播的表情要自然、不夸张,一定要和直播的内容协调一致。可通过自己的真实表情增加亲和力,同时控制自己的愤怒情绪,不要让自己的窘态表露在脸上,尽量表现正能量。图 5-12 所示为直播时真实微笑的面部表情。

图 5-12　直播时真实微笑的面部表情

五、镜头展示

观众在看直播时,其目光具有焦点性,即观众总是把目光对着直播画面的中心位置。如果主播或者介绍的产品不在画面的中心位置,可能会在观看时被弹幕、礼物等遮挡,无法看清。直播中观众的眼神总是跟着主播镜头展示的画面运动,所以直播时的镜头展示十分重要。

直播时的镜头画面分为横直播画面和纵直播画面。在镜头展示中的画面分配比例要适当,通常要预留出部分画面用于显示直播账户名称、礼物赠送数额、活动优惠等信息。开播前镜头和支架是固定的,主播要通过调整镜头和支架来使直播画面达到最理想的状态。在调节镜头时,尽量让主播和需要展示的商品位于镜头画面的中心位置，保证产品百分百地展示在画面中的同时不会把脸挡住，同时注意调整脸和产品的角度。图5-13所示为直播间的镜头展示。

图5-13 直播间的镜头展示

第五节 直播间留人的技巧

一、话术技巧

话术的意思是说话的艺术，以"察颜观色""一物百拟""用情至深""行文诡辩"著称于世。中国的悠久文化大多是围绕着话术展开的，它看似简单，却包含着做人做事的技巧、安身立命的法门。话术虽然只是一门说话的技巧，却依"心"而生。

话术在直播中也十分重要。一场成功的直播离不开优秀的主播、品质高的直播内容或物品，直播看起来更像一场才艺表演，而话术在才艺表演中具有重要作用，所以好多直播平台的当红主播们凭借话术取得了巨大成功。

直播中的基础话术有欢迎话术、播报话术、感谢话术和下播话术，这些话术都是主播和观众交流时产生的基本语言。作为一名主播，与观众的沟通极为重要，直播时的一句话也许会为你招来关注，也许会让你失去众多粉丝，所以掌握话术技巧是非常重要的。

（一）欢迎话术

理论上主播要对每一个进入直播间的观众表示欢迎，最基础的欢迎话术是："欢迎 ××× 进入直播间。"但是，这种话术过于机械化，而且很多主播都在用，无法引起观众的兴趣，因此主播们需要做出改变。

那如何改变呢？在观众进入直播间时，主播能看到其等级和名字，主播就可以在这上面做文章。

1. 传达内容

"欢迎 ××× 来到我的直播间，很多人说是因为我的歌声、舞姿、幽默感留下来的，你也是吗？"

2. 解读名字

"欢迎 ××× 进入直播间，咦……这名字有意思。"

3. 寻找共同点

"欢迎 ××× 进来捧场，看名字应该是老乡/喜欢旅游/玩 ×× 游戏的，是吗？"

4. 说奉承话

"欢迎 ××× 的到来，我直播间少有这么高等级的号！"

5. 说感动的话

"欢迎 ××× 回来，每一场直播都见到你来，特别感动，真的。"

（二）播报话术

在直播的时候需要经常给自己打广告，不断给新观众传递直播简介，这不仅能吸引新观众的关注，还会给老观众带来新鲜感。

1. 直播预告

"非常感谢所有还停留在我直播间的哥哥、姐姐们，我每天的直播时间是 ×× 点～×× 点。若有知音见采，不辞遍唱阳春。我们不见不散，没点关注的记得点关注，点了关注的记得我在直播间等你。"

2. 才艺宣传

"新进来的哥哥、姐姐们，还不知道主播是播什么的吧？我现在要宣传一波啦，你们听好了！主播唱跳俱佳，擅长 ×× 类型的歌，喜欢跳古典舞、爵士舞、民族舞。现在给各位表演一段。"

3. 个人宣传

"我是一个明明可以靠颜值吃饭，但偏偏要唱歌唱到肺裂、跳舞跳到腿断的小主播，感谢你们欣赏我的直率，包容我的粗心，认可我的努力。我希望你们能一直陪我成长起来，我会记住你们的支持，会努力，会坚持。"

4. 满足观众需求

"我做直播呢,除了想得到别人的认可,还希望忙碌一天的你们能在我的直播间得到片刻放松,在这里,我们畅快交流、哈哈大笑。点关注的哥哥、姐姐们,谢谢你们。"

(三)感谢话术

主播收到礼物都是需要感谢观众的,其实感谢并不需要话术,因为这是一种条件反应。收到礼物,你会开心吧?会感动吧?那就把你的情绪真实地表现出来。

1. 数礼物数量

"感谢×××送的 100 个掌声,还没停吗?150 个、200 个了……哇,掌声完全停不下来!非常感谢。"

2. 终于给我刷了

"感谢×××的大跑车,来看我那么多次了,终于给我刷了。你的行动是对我最大的肯定。"

(四)下播话术

每一个陪你到下播的人都是你的忠实观众,每一场直播都要有始有终,所以每天临近下播的时候,都需要有一套下播话术,这不仅能延续观众的不舍之情,也是给自己做一个简单的总结。

1. 感谢陪伴

"非常感谢大家今晚的陪伴,我希望你们度过了愉快的时光,在这里我要特别感谢一位叫×××的观众,他一直在评论区支持我。陪伴是最长情的告白,谢谢你们!"

2. 直播预告

"今天的直播接近尾声了,明天晚上××点~××点,同样的时间开播。下次直播,我们将会带来最新发行的游戏体验,还有限量版周边赠送哦!敬请期待!"

3. 歌声祝福

"在直播即将结束之际,我要为大家献上一首我最喜欢的歌曲,希望这首歌能够带给你们温暖和安慰,感谢你们一直以来的支持和陪伴!"

4. 直播总结

"今天我们和游戏中的大 Boss 进行了一场激动人心的战斗,也领略到了游戏的精彩之处。感谢大家的支持和配合,我们下次见!"

二、留人技巧

直播间能留住多少观众,主播可以通过在后台查看留存率得知。直播间留存率是留在直播间的人数与进入直播间的人数之比。比如有 100 个人进入你的直播间,有 30 个人留下来了,那么留存率就是 30%。通常我们通过以下几种方式提升留存率。

(一)黄金 3 秒法则

直播间"黄金 3 秒法则"就是在 3 秒的时间内抛出一个吸引人的话题,留住观众。比如:"下面我教大家如何解决直播间闪进闪出的问题,飘过直播间的朋友想听的扣 5 个 8。"这样的话题会吸引存在这类问题的观众们继续看直播,增加了观众在直播间的停留时长。

(二)清新时尚的背景

直播间的背景搭建也很重要,好的直播间背景可以帮助主播打造更好的形象。无论什么类型的观众,整洁、温馨的环境,简约大方、清新时尚的直播间背景,都极易让他们产生代入感,沉浸在直播的氛围当中。

(三)积极的互动

直播时不要轻视每一个刚进来的观众,你永远不知道他们有没有付费能力。主播需要和观众时刻保持互动,让直播间氛围持续高涨。多提问找话题,就容易吸引刚进来的用户停留,并且加入聊天。比如把自己的故事分享给观众,在分享的过程中找到共同话题,进行深入探讨。

(四)福利赠送

送福利是最简单的直播留人方式,可以发红包、发优惠券、抽奖等,例如,有的抽奖方式是用户参与抽奖之后需要等待几分钟再开奖。大多数用户进入直播间,是因为直播间的优惠活动力度大、福利多,因此想要让观众留在直播间,提高留存率,可以不定期发送福利,吸引粉丝留在直播间。

(五)活跃气氛

想要有效将观众留在直播间,主播还要学会巧妙"炒热"直播间。因此,主播需要不时组织一些活动,比如,在直播间进行数三十、选信封、猜故事、抽牌比大小等互动小游戏。这样不仅能快速提升用户亲密度,还可以大幅提升直播间热度，吸引更多观众。

1. 数三十

主播和粉丝按顺序从 1 数到 30，每人每次可以数 1 ~ 3 个数，先数到 30 者胜。粉丝留言参与，主播口头回复，输了会有惩罚。

2. 选信封

主播准备五个信封选项，上面分别写有主播送礼物、主播唱歌等，由粉丝抽取，参与互动。这种小游戏在节日时候开展比较合适。

3. 猜故事

由主播讲述一个故事，在讲述过程中可随意打断，用户进行竞猜，猜测故事的结果或者发生的原因等。猜错的用户要接受惩罚，用户猜对则主播受罚。

4. 抽牌比大小

准备好一副扑克牌，洗好牌，统计人数，抽出任意张数，主播点名后粉丝各认领一张牌，主播抽取一张。

牌面最小为输——主播输，接受任意惩罚；粉丝输，可以连麦受罚或者刷礼物受罚。

三、提高转化率

直播运营的最大价值就是优化工作中的每个环节，提高产品的转化率，如下载转化率、付费转化率、复购率等。直播带货的效果属于付费转化率，也属于运营工作的范畴。接下来从运营的角度和直播带货的环节来剖析提高直播带货转化率的方法。

直播带货看似简单，却有一套烦琐的流程，如主播口述、产品曝光、上链接、产品主页浏览、详情页浏览等。

（一）主播口述

几乎所有的商家在进入直播带货市场时，第一反应都是找知名的主播，似乎主播找对了，销量就起来了。诚然，主播在直播带货环节中占的权重很高，但也没有想象中那么高。其实在直播带货中，找对了主播只能确保五成的带货效果，剩下的五成是由其他环节来决定的。

产品是否知名、价格是否有优势，主播与产品调性是否匹配，主播的粉丝群和产品契合度的高低，以上每一个因素都影响到带货的效果。我们在和主播沟通产品相关情况时，一定要挖掘出产品独有的卖点，如某款零食有多种营养成分，能提高免疫力，有助于睡眠，甚至吃了能防紫外线等。用户被卖点打动，自然而然就去下单了。

注意，在直播之前和主播做有效的沟通很关键，要让主播对产品有深入的了解，最好是有使用经验，这样在直播时就不至于发生主播无法回复观众的问题的情况。要成为一名优秀的主播，就要具备敬业精神，对每个产品都做到先使用、后推荐。

（二）产品曝光

产品曝光就是主播在镜头前展示产品。直播带货有一个缺点，那就是视觉范围窄，直播屏幕本就不大，主播还占了画面的一大部分，留给产品展示的范围其实很小。主播在推荐商品时，会特意使用特写镜头来展示商品的细节，这也是卖货的一种技巧。在产品曝光过程中要注意画面的清晰度，提高观众对产品品牌的认知度。

（三）上链接

上链接的方法有两种：一种是介绍完产品后上链接，见于粉丝量多的主播；另一种是先把所有产品链接挂上去，直播时告诉用户产品是哪个链接。主播一般比较倾向于第二种方法，因为用户在听主播讲解感到无聊时会浏览本场的全部产品，如果将链接提前挂上去，就可以提高产品的曝光率。

（四）产品主页浏览

在有些直播平台，点击购买时会先进入产品主页，再点击才进入详情页。如果产品主页的图片不吸引人，用户就不会点击，毫无详情页展示的机会。如果产品主页的图片非常时尚、精美，则会吸引观众了解产品详情，观众的转化率会有所提高。

（五）详情页浏览

直播带货的过程中，主播的展现固然重要，而产品本身的详细介绍也非常重要。一张好看的详情图也会影响用户的购物体验，并且在详情页中将产品的特点展示清楚非常很重要。

在直播带货过后，如果产品的销量没有得到提升，商家除了找主播了解问题外，也应该审视一下自己是否有在产品详情页中完美展现产品的调性。

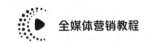

第六节　粉丝运营与管理

对主播而言,直播间存在的群体无非这几类人——粉丝、路人、运营、官方以及朋友。每一类人在直播间的作用和带来的直播效果都不一样,主播应该明确直播间的定位。粉丝对于主播很重要,一个主播成功与否在很大程度上是用其粉丝量来衡量的。下面我们就来探讨主播和粉丝之间的关系,以及主播如何做好粉丝的运营与管理。

一、粉丝来源

不同类型的观众在直播间的活跃度不一样,对直播效果的影响也是不一样的。主播一定要学会区分自己直播间的观众属于哪个类别,然后想办法让观众成为自己的粉丝,并为其打上标签,方便后续的维护和管理。

不同风格的主播吸引到的粉丝各异,才艺主播吸引的是有品位、有鉴赏力的粉丝;颜值类主播吸引的是感情丰富、追求美好的粉丝;脱口秀主播吸引的是时间充裕、希望得到放松的粉丝。粉丝的来源主要有平台外拉新和平台内拉新。

(一)平台外拉新

平台外拉新是通过外部的社交平台和工具拉新。平台外拉新的方式渠道有很多,下面介绍几种常见的平台外拉新技巧。

1. 各种社交网站推广

建议主播选择面向消费者端的平台进行推广,例如微博、微信、QQ、今日头条等,并在多平台间保持昵称的统一,方便用户识别。比如,在各平台发布高质量的软文,将直播间信息植入其中,很多人看见文章写得不错,自然就会进入你的直播间。注意不要选择偏向商家端的平台进行推广,因为商家端的用户消费诉求比较少,这些用户基本不会回访,只会形成僵尸数据。

2. 搭建营销活动

主播也可以通过开展线上营销活动来吸引观众,为自己增加大量的潜在粉丝。此外,有效地将时事与活动结合起来可带来意想不到的效果。通过第三方平台可以实现营销活动的搭建。主播可以根据具体情况给活动命名并通过设置有奖活动来吸引观众的眼球,以达到低成本推广品牌和产品的效果。

3. 合作推广

主播可以和相关领域的大V、明星、KOL等达成合作,或和其他主播"互粉",互相引流和推广,吸引更多流量和观众。这是一种比较常见的推广手段,通过广而泛的"大海捞针"方式来获得粉丝关注，也需要投入大量的精力和时间。主播与同行业组织结成联盟，形成联动效应，才能达到事半功倍的效果。

4. 跨平台快速分享

比如，淘宝平台支持对主流平台的快速分享功能，在淘宝直播间的右上角点击"更多"，点击"分享账号"，选择QQ、微信、微博、钉钉、支付宝都可以进行快速分享，点击微信和QQ可直接产生淘口令，复制后粘贴进微信、QQ即可进行分享。

5. 直接复制链接分享

观众可以直接点击链接进入主播主页（不适用于微信、QQ）。主播在分享链接时，需要打开自己的达人主页，在右上角点击"更多"，点击"分享账号"，再点击复制链接即可。

（二）平台内拉新

平台内拉新是指在自己直播的平台上通过推流或其他的方式拉新。新媒体时代，平台内拉新的方法有很多。

1. 头像设置

很多人会根据直播大厅的头像选择性地进行观看，这就要求主播将自己的直播头像设计得有主题感，能够引起用户的观看兴趣。

2. 直播封面、标题的设计

高清的封面和优秀的标题能帮主播吸引到更多的和粉丝和流量，如未上传合格封面将影响直播的曝光量。主页封面一定要以人为主，背景要好看但是不能突出，观众要看的是人而不是风景。主播可以打造五个字以内的标题，突出个人特色和亮点，展示主要直播的内容。

3. 发布预热视频

建议主播在直播前的一个小时在直播平台上发一个预热的短视频，当别人刷到视频的时候，你的头像会有开播标识，这样别人就会点进来进行观看，这种点击量是非常可观的。

二、粉丝转化和维护

粉丝又称主播的私域流量池，是在各个平台上能够持续关注主播的人，但是他们和主播互动的频率、对主播的认可程度、在平台上的活跃度，以及后续转化为付费用户的比例都是不一样的。在各个平台上的人，特别是没有关注主播的人，就构成了公域流量池。

主播进行粉丝转化的第一步,是让平台的公域流量进入自己的私域流量池,然后从私域流量池中激活自己的粉丝,使其从外围粉丝圈进入核心粉丝圈,最终转化成付费用户。主播成功吸粉后,需要做好粉丝的转化和维护。

(一)粉丝的转化

当主播把大量精准粉丝引流到直播间后,如果不将其转化为消费者是无法达到直播的目的的。转化的过程其实就是解决信任问题的过程,很多人虽然吸引了很多粉丝,但是直播间的成交率却非常低,这就是因为没有解决信任问题。下面介绍几种比较简单的粉丝转化方法。

1. 打招呼

观众进入直播间后主播要第一时间跟他打招呼,让观众产生被主播关注的愉悦感。就像跟朋友初次见面发名片一样,主播可以发一段能体现个人业务和产品特色的自我介绍,这个自我介绍可提前编好,方便随时使用。

2. 回应观众评论

在直播过程中积极回应观众的评论可以让直播间的气氛更加活跃,也能增加观众对你的好感度,从而提高直播间的热门概率。要认真阅读评论并及时回应,展现自己真实、友好的一面,让观众感觉你是"站在"他的角度来看待问题的,从而赢得观众的信任和支持。

3. 满足观众需求

主播直播的内容应该是观众喜欢的内容,主播要提供满足观众需求的直播内容。通过分析观众数据,主播可以了解观众的兴趣、偏好和行为,从而调整直播策略,以更好地吸引观众和满足观众需求。例如,如果数据显示大多数观众都是年轻女性,那么主播可以调整直播主题和产品推荐,以更符合这个目标群体的兴趣。

当直播间人数过多时,主播很难及时看到每一位粉丝的提问,这时就要有重点地挑选并回答粉丝询问较多的问题,因为被粉丝提到最多的问题最能反映粉丝的需求,主播要对这些问题进行重点回答。主播关注并回答粉丝的问题能够让粉丝感觉到自己是被重视的,从而对主播更有好感。

(二)粉丝的维护

对于主播来说,粉丝可谓"衣食父母",因为主播的人气与收入都与粉丝息息相关,一个主播成功与否在一定程度上可以用粉丝的数量来衡量。如何维护好自己的粉丝群体是主播们一直面对的难题,下面介绍几种常见的粉丝维护技巧。

1. 持续更新内容,发布讨论话题

持续地更新内容可以保障粉丝不取消关注,是维护粉丝的办法之一。粉丝关

注你的时间越久，对你的信任度就越高，时间久了，你的直播甚至会慢慢成为他生活的一部分。主播可以每周搜集一些粉丝最想了解的，并且与直播领域相关联的问题，在直播过程中与粉丝一起讨论，这样不仅提升了粉丝的活跃度，还增加了主播与粉丝之间的黏度。

2. 提升自我，丰富直播内容

对于主播而言，不能停留在原地，要不断提升自己的修养，不断推陈出新，生产有创意的直播内容。观众之所以成为你的粉丝，是因为你的直播带给了他欢乐，让他能够放松下来。要维护好粉丝，提升自己的直播质量是关键。在直播间把你对生活的态度和感悟，你最为美好的一面展示给粉丝，让粉丝了解你的付出和努力，有认同感、归属感的粉丝的忠诚度是极高的。

3. 积极互动

主播在直播的过程中与粉丝互动，能够积累更多粉丝，增强粉丝的凝聚力。利用开放式问题引导粉丝参与直播，是一种行之有效的互动方法。主播可以向粉丝提出一些开放式的问题，给粉丝自由发挥的空间，以此引导粉丝与主播进行互动。主播在直播时询问粉丝开放式问题，可以使直播间的气氛变得更加活跃，同时可以体现主播对粉丝的关注，能够拉近主播和粉丝之间的距离。

开放式问题可以调动粉丝的积极性，让粉丝在与主播的互动中感到放松，从而更加自在地和主播进行交流。主播直播的核心目的是销售产品，但如果主播留不住粉丝，自然也无法顺利地进行产品销售。因此，主播要通过与粉丝互动增强粉丝的参与感，要制造话题让粉丝展开讨论，引导粉丝参与互动。

在开展直播之前，主播应为直播准备三四个话题。在准备话题时，要避免一些较敏感的话题。如果话题引发了粉丝的争吵，反而会得不偿失。主播可以选择一些轻松但有讨论点的话题，这样可以在愉悦的氛围中把直播间的热度调动起来，也能够让粉丝更加积极地参与到话题的互动中。

主播在直播时要学会制造话题，引爆粉丝互动的高潮，但在通过话题讨论调动粉丝积极性的同时，也要对粉丝的互动进行把控，把控好话题讨论的内容和时间，与粉丝积极互动，使直播间的氛围更加活跃。

4. 建立粉丝的信任感

要想建立与粉丝之间的信任关系，主播就必须用自己的专业知识征服粉丝。无论推销什么种类的产品，主播都一定要对自己销售的产品及其相关知识有充分的了解，这样才能够更好地帮助粉丝解决问题，展示自己的专业性，以获得粉丝的认同。

除了展示自己的专业知识以外，主播还要在直播带货过程中拉近自己与粉丝的距离。如果主播只是单纯地介绍产品，很难让粉丝产生亲近感，也难以赢得粉丝的信任；要想赢得粉丝的信任，就要贴近粉丝的生活。在直播的过程中多讲故事能够引发粉丝的共鸣，展现亲和力，主播可以把对产品的推销融入故事里，并通过讲故事把粉丝带入具体的产品使用场景中。

产品是主播与粉丝建立信任关系的媒介，主播可以通过产品提升粉丝对自己的信任度。主播在推销产品时要多站在粉丝的角度，关注粉丝最关心的问题。而只有建立了粉丝的信任感，才能激发其潜在购买需求。

三、粉丝的管理技巧

（一）满足粉丝的炫耀欲

从粉丝的角度来看，主播跟明星的本质是一样的，二者都能够引起粉丝崇拜。粉丝都希望自己关注的主播高高在上，满足现实生活中不能实现的幻想，同时又希望自己关注的主播像朋友一样关注自己。

作为粉丝来说，崇拜的对象正在关注自己，能够满足一种内在的炫耀欲，从而体现出作为粉丝的一种优越感。粉丝的感性体验并不是绝对的，而是来自群体比较，既包括对外部群体的优越感，也包括群体内部的优越感。要想体现出这种优越感，就必须具备一种可供比较的公开机制。

不难发现，粉丝的心理需求就是通过炫耀获取别人关注的目光，这是粉丝最基本的动力。所以，主播可以在积分、等级、排行榜、奖品等的激励机制上，想方设法满足粉丝的炫耀欲，这同时也是在提升主播自己的竞争力。

（二）建立粉丝资源库

能够把粉丝留在直播间是第一步，这依靠的是直播的内容、主播的技能，以及主播身上的光环能否满足粉丝的炫耀欲。接下来就是让粉丝对主播产生黏性，主播线上吸粉是基础，线下的社群维护也很重要。

线下的社群维护更容易拉近粉丝和主播的关系，所以新人主播在有了一定的粉丝基础后，一定要建立一个粉丝资源库，将来的粉丝中坚力量或许都会从这个资源库里面诞生。最常见的粉丝管理群有抖音粉丝群、微信群和QQ群等，直播前可以在这些群里滚动发布直播预告或者直播相关信息。

粉丝群的具体管理方法有：选出几个有号召力的粉丝当管理员，组成良好、稳固、有力的核心队友；调动粉丝活跃度，经常发红包、玩游戏、互动；设置相册分类，如粉丝送礼物的特效截屏、主播的生活照片等；直播时多宣传自己的群，及时引流，保证群里时常有新人加入。

（三）真诚相待，把粉丝当朋友

在直播间主播可以展现自己的才艺，让粉丝了解自己。而在线下主播就应该多花点时间和功夫去了解粉丝，比如经常在粉丝群里和粉丝互动，及时回复粉丝提出的一些问题，把粉丝当朋友。当主播和粉丝成为朋友后，粉丝就不会随意离开。主播可以经常想想自己给粉丝带来了什么，而不是总想着从粉丝那里获取什么。真正的互动不是消费粉丝，而是建立一种健康的、相互信任的关系。

（四）举办线下活动

社群运营成熟之后，可以尝试举办线下活动以加深和粉丝之间的联系，让粉丝可以近距离接触主播。因为安全等因素，不提倡主播和粉丝私下单独见面，线下活动最好是集体活动。举办线下活动的目的是让粉丝看到主播的日常状态、与人相处的方式，以及多一个了解主播人品的机会。

思考题

一、简述打造品牌价值的目的和意义。

二、思考不同品牌价值打造过程中应配合什么样的主播人设。

三、简述打造主播人设的基本思路。

四、主播妆容的基本要求和要点是什么？如何打造？

五、主播服装主色调如何确定？为什么？

六、主播服装色彩搭配技巧是什么？

七、如何利用穿搭技巧修饰主播的身材缺陷？

八、肢体语言在直播中起什么作用？如何利用肢体语言提升直播效果？

九、主播常用的话术分类有哪些？具有哪些话术技巧？

十、直播间留人常用的技巧有哪些？

十一、结合营销知识谈谈如何提升粉丝量和转化率。

十二、粉丝运营管理的技巧有哪些？

第六章　电商直播营销实务

【目标】

学生应了解电商直播的兴起和市场发展现状,理解直播产品的特征和选品思路,了解电商直播的售后服务内容,学习不同直播平台的特色和属性,熟悉不同直播平台的类别和特点;掌握直播商品的选品方法,私域流量的概念和转化方法,以及直播平台的选择原则。

第一节　电商直播市场调研

一、电商直播的兴起

我国电子商务自 2014 年后进入稳步增长的阶段。2016 年电商行业开始向内容化和社区化转型,电商平台需要抢占更多的用户,实现用户在平台内的转化。

中国网络直播平台发展迅猛,2016 年网络直播平台数目逼近 200 家,网络直播用户规模达到 3.25 亿,占网民总数的 45.8%,"直播+"模式深植于各个产业的细分领域,直播行业空前蓬勃发展。电商直播能全方位展示产品信息,电商主播能与消费者进行实时互动,给消费者带来全新的购物体验,有效为电商用户导入流量。这让正处于转型发展期的各大电商平台看到了直播背后的行业价值和流量财富,于是纷纷在自己平台上推出基于电商产品的直播功能,它们开始布局电商直播,全力打造电商直播平台,希望通过直播实现向内容化和社区化转型,为平台的流量赋能。由此,电商直播模式应运而生。

2016 年 3 月,蘑菇街率先采用电商直播模式,首次实现直播和电商的打通,观众一开始只能观看主播直播,但之后就可以一边观看一边购物了。淘宝网在 2016 年 5 月上线"淘宝直播",试运营一段时间之后,发现淘宝直播给平台带来了更多的流量，转化率也有所提升。随后京东商城也上线直播功能，并在"发现"这个社区将直播入口放在醒目位置，希望借助直播的力量给平台聚集人气。在"618购物节"期间，苏宁易购请来网红做直播，推荐自己平台的商品。考拉海购更是将运营直播化作为自己的重要发展方向，并与自身的全球采购相融合。之后，聚美优品、唯品会、蜜芽宝贝等电商平台陆续上线自己的直播功能，电商直播开始逐步发展起来。

二、电商直播的市场发展

在互联网电商和短视频平台等的大力鼓励和支持下，在主播、企业等的协同推进下，我国电商直播蓬勃发展。

淘宝等内容电商采取自我创新和借船出海两种方式来布局电商直播。一方面，平台内部在内容电商的基础上大力扶持电商直播，以大力提升用户停留时长。淘宝在扶持电商直播发展方面投入了丰富的资源：一是加大流量分发，2019年70%的流量引导到淘宝直播；二是淘宝直播启动百亿扶持计划，为商家、主持、机构提供专业化培训和激励；三是在导航栏中设立"微淘"板块，直接推荐正在直播的常访问店铺。另一方面，阿里巴巴通过外部投资与战略合作的方式为淘宝导流。当然，除了电商龙头淘宝之外，京东、苏宁、拼多多等电商平台也推出了电商直播业务。

短视频平台大力扶持电商直播，抖音、快手等短视频平台快速成长为互联网巨头，沉淀了数以亿计的用户，并探索出了各类商业变现方式，而电商直播是最新的价值较大的商业变现方式。快手平台强调不打扰用户，呈现去中心化特点，大力鼓励主播成长。由于形成了强关联的生态关系，主播与粉丝之间的信任感和社交关系属性较强。

在早期的商业模式上，直播收入以粉丝打赏为主。2018年后，快手平台开始探索广告、直播带货等变现模式，并投入资源大力扶持原产地、产业带、工厂直供、电商达人等类型的电商销售。抖音平台则以去中心化为主，基于大数据、人工智能等新技术的算法，在对用户偏好进行深刻洞察的基础上，给用户推荐精品化、个性化内容，优质短视频被算法识别后得到加持并推送给大规模用户，流量大、曝光率高，但主播与粉丝社交关系较弱，其商业模式以广告为主，估计占收入的90%。为了拓展新盈利模式，短视频平台逐步开始探索电商直播。

目前电商直播平台在高速发展中，自2017年始，我国多频道网络平台（MCN行业）逐渐火热，市场规模高速扩张。数据显示，2021年我国MCN市场规模达

335亿元，是2015年的41倍多。图6-1所示为2015—2023年中国MCN市场规模及预测。

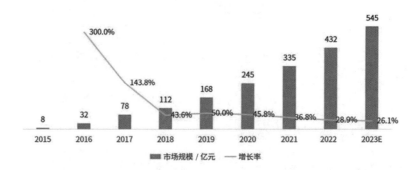

图6-1　2015—2023年中国MCN市场规模及预测

截至2021年底，我国有关电商直播的企业数量达34 000家，大约是2016年420家的81倍。规模方面，自2016年始，我国MCN行业逐渐火热，市场规模高速扩张。根据数据预测，2023年我国MCN机构数量达47 177家。图6-2所示为2016—2023年中国MCN机构数量及预测。

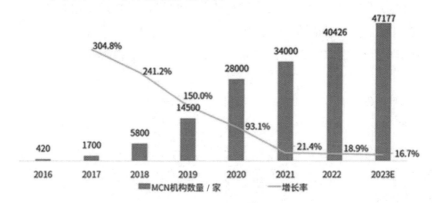

图6-2　2016—2023年中国MCN机构数量及预测

第二节　直播平台的类别和特点

随着直播技术的不断进步，各行业开始入局直播，其中电商行业走在前列。如今做电商直播已经成为一种常态。现在，主播可以根据个人需求选择以内容为主的直播平台或以电商为主的直播平台。

一、直播平台的类别

（一）以电商为主

这类平台有淘宝、京东等，主要是通过在电商平台上开通直播间来引入内容创作者，直播类型是以电商为主、直播为辅。公开资料显示，淘宝直播2020年直播数超2589万场，全年上架商品数超5000万件，淘宝直播成为首个爆发式新经济电商直播平台。

电商直播平台成就了很多头部主播。做电商的商家多在电商平台上做直播，而主流电商直播平台有淘宝和京东等，当然，商家可以在自己所在的电商平台做直播，只要该平台有直播这个功能即可。

（二）以内容为主

这类平台有抖音、快手等，主要是通过接入第三方电商平台来布局"直播+电商"的运营模式，直播类型是以直播内容为主、电商为辅。抖音官方数据显示，在2020上半年，抖音主播直播共计5531万场。品牌利用内容直播平台，通过"短视频+直播"方式打造爆款，从而打造新的营销推广渠道。

电商直播平台目前以上述两种类别为主，而这两种类别的直播平台以"淘宝、京东、抖音、快手"几大直播平台为主，然而随着进入者的不断增加，直播平台的场内竞争也会随之加剧。总而言之，今后电商直播的竞争会更加激烈。

二、直播平台的特点

在物质极其丰富的今天，用户以前单纯地根据产品价格、产品的作用、主要参数去决定是否购买产品的消费者行为早已发生变化，消费者愈来愈重视消费过程中的精神消费。电商直播的实质是消费升级，而消费升级的背后是用户需求的升级，消费者在直播间消费成为一种精神需求的满足。为了更好地满足用户需求，直播平台根据消费数据、信息进行正确的消费引导，这其中商业服务与感情的传送不可或缺。直播平台的主要特点有以下几个方面。

（一）交互性

直播平台具备"当场、同台、互动交流"等特性，主播不但可以现场直播，而且能与用户同台沟通交流。直播中用户可以与主播进行互动，直播平台的交互

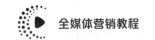

性远强于以前的移动电子商务平台和社团电子平台，也更容易得到用户的信赖。

（二）强 IP 特性

IP 即知识产权，在全媒体领域，IP 可以指一个符号、一个具有共同特征的群体、一部有流量价值的内容产品。直播平台的强 IP 特性，具体来说就是主播具备较强的 IP 特性，在用户心智中有与众不同的标识，也是一种感情的寄托。不论是商业服务领导者、知名演员，还是网络红人，都具备较强的 IP 特性。

（三）高度去中心化

一方面，直播平台具有数量更多、类型更为丰富多元的主播；另一方面，主播除了直播平台的公众平台外，还有自己的私域流量。整体而言，相对于之前的电商平台，直播平台更为去中心化，也为更多的主播提供了更多的机会和可能性。

第三节　电商直播的选品与售后

一、电商直播的选品

不同的电商生态，选品的逻辑是不一样的。传统电商的用户有明确的消费需求，面临具体的痛点待解决，通过搜索寻找满足自己需求的产品，最终完成购买。电商直播改变了以往"人找货"的消费模式，实现了"货找人"，即用户原本并未意识到自身的消费需求，而是被内容所激发，货品就等于内容，通过推荐算法实现与用户的链接，属于发现式消费。

（一）直播消费的特征

1. 非计划性消费

用户原本没有发现自己的消费需求，但在观看直播间推荐的产品之后，消费需求就被激发出来了。因为消费者对服饰、日用品、美食等的需求是长期存在的，但并不清楚自己的具体需求，只有亲眼看到具象的产品，才能觉察自身的潜在需求。

2. 冲动性消费

用户在直播间购物很多时候属于冲动性消费，所以直播间最好推荐易展示（产品具有特殊卖点或亮点，产品价值可视化）的、高性价比（直播间到手价与消费者心理预期之间的差额小）的产品。

3. 成交产品以"爆品"为主

一场直播带货，80%以上的GMV（全称gross merchandise volume，即商品一定时间段内交易总额，多用于电商行业，一般包含拍下未支付的订单金额）都是靠20%的爆品所贡献，学会打造"爆品"，相当于掌握了撬动流量、销量的杠杆。

（二）选品思路

1. 产品分类

在电商直播中，一般会把产品分为福利款、引流爆款、主推款、常规款和锚定款。

（1）福利款。

福利款也可以叫引流款，作用是为直播间留住人气或给直播间引流，一般作为限时秒杀或预告将要秒杀的产品。这种产品需跟自己所售卖的品类相关联，针对的受众是一类人群，但具体产品不能是主推的品类产品，可以是关联品，比如卖轻奢女装的福利款是墨镜、丝巾等相关商品。

（2）引流爆款。

一般引流爆款是给店铺和店铺商品带来流量的产品，这样的产品价格不能过高，商家一般不赚钱或利润较少，最好是主推款的搭售款。一般直播间只需要设置一至两款引流爆款。这种类型的产品的主要作用是帮助商家筛掉"羊毛党"，提高UV（即通过互联网访问、浏览网页的自然人）价值。

（3）主推款。

主推款也叫利润款，具备超高性价比的属性，产品的点击转化率高，对消费者的吸引力大。这类产品的主要作用是贡献利润，同时帮助直播间打上精准的购物人群标签。

（4）常规款。

常规款一般只上架而不讲解或很少讲解，产品点击转化率较高，主要作用是丰富消费者的选择、测款，同时可帮助提升直播整体的转化率、销售额、UV价值。

（5）锚定款。

锚定款是某一品类的"明星"款，这类产品单价相对偏高，一般很少出售，上架的主要作用是衬托主推款以及其他款的性价比，产生对比效应。

2. 选品原则

（1）高性价比。

直播只是电商平台的一种工具，它依旧符合且遵守电商平台的基本调性——

便宜、方便。所以高价位的产品很难在直播间成功销售出去，而低价或者高性价比的产品更符合直播消费群体的心理定位。

（2）高匹配度。

当我们通过价格区间初步确定用于直播的产品后，接下来就需要找到合适的人来担任主播。无论是达人主播还是商家主播，主播的形象都要和直播间的标签相匹配。比如，让未婚女性推荐母婴用品会缺乏说服力，同样，如果品牌定位的消费群体是青年群体，也不适合让一个气质形象相对成熟的主播来带货。

（3）需求及时性。

在满足了高性价比和高匹配度之后，产品还要满足当前的活动趋势和粉丝的需求。满足当前活动趋势，即在平台的核心销售日——如双十一、品牌日等目标消费人群最集中、购买力最强、销售价值最高、影响力最大的日子，考虑直播的产品是否充足，产品是否符合活动主题等。除此之外，我们也要关注粉丝的需求，平时多留意和搜集粉丝想要在直播间看到的产品。

（4）独特性。

独特性指产品的卖点。产品卖点的提炼是一项技术活，很关键也很重要。卖点的表达须明确特殊利益，具有推销力、号召力，如产品品质、耐用度、美观度、包装等几个维度，打造差异化，找出竞品所不具备的优势。

3. 选品条件

（1）产品本身。

①产品的外观。产品以直播形式进行展现，需要具备独特的卖点，不需要解释成本，一眼就能看懂。

②产品的质量。产品的质量是选品的重点，优质的产品会给店铺和商家带来更高的评价，而高评分可以撬动更多的自然流量，相反，评分太低会被限流。

③生命周期。优先考虑新品，处于生命周期初始位置的产品成为爆款的概率更大。

④定价合理。可以参考市场价格，然后根据需求人群的购买力以及自身定位，为产品制定合理的价格。

（2）商家或厂家实力。

①发货能力。商家最好具备在买家下单后 24 小时内发货的能力，优先考虑有现货的商家，否则后端供应链跟不上会引起消费者的投诉，影响直播间的信誉度。

②售后能力。提供 7 天无理由退换货、运费险、无忧购等售后服务都是加分项，对于一些特殊类目的商品（如陶瓷或玻璃制品），应考虑提供破损包赔服务。另外，

第六章　电商直播营销实务

售后问题的处理速度非常重要。

③品控。从原料把控、生产加工、产品制成、成品检测到成品入库，以及售后质量的跟踪解决等全过程，包括完整的质量控制和管理链。

（3）市场需求。

①应季品。根据季节变化选择应季的产品，比如秋冬季节到了，保温壶、热水袋等类似产品的需求量会大幅上升，做百货品类的直播间就可考虑增加此类产品的数量。

②热点产品。根据同类别的直播间带爆的产品判断市场需求。

③善用工具。学会利用互联网营销数据分析工具来洞察市场需求。

4. 选品方法

（1）自有渠道。

如果直播电商是从传统电商转型而来的，则可以从自家的电子商铺中选品，也可以根据直播间的销售数据拓展更多新品。

（2）无货源找货。

①对标达人。关注达人橱窗，在对标账号的橱窗中选择销量前 10 的商品，联系相关商务人员，洽谈合作。

②选品库。借助选品工具参考相关的数据，挑选一款选品工具，输入自己想要做的品类，可以查看该品类近 7 天的销量排序，从而选择适合的产品，然后联系厂家洽谈合作。

③商家或厂家推荐新品。长期合作的商家或厂家一般会定期出一些新品，这时候可以让厂家进行推荐，看其推荐的产品是否符合直播间的需求，如果合适，则可以纳入选品清单中。

④视频信息流刷到的爆品。当直播账号有了兴趣标签后，信息流推送的都是同行，很容易刷到同行正在推的一些爆品，可以将这些爆品纳入选品清单中。

⑤直播间观众高频提问的需求品。在直播的时候，可以重点关注公屏区观众高频提问的一些产品，将其纳入选品清单中。

二、电商直播的售后

商家在直播后的服务包括但不限于以下内容：

第一，依法经营，履行消费者权益保护、知识产权保护、网络安全与个人信息保护等方面的义务。

第二,应根据服务方案、平台规则、与直播方签订的售后协议及相关法律法规,履行交易承诺,积极解决消费者诉求。

第三,应建立不低于一种消费者投诉渠道,受理并解决消费者诉求。

第四,对不属于自身职责内的投诉,宜告知消费者实际情况并协调处理。

第五,出现违背承诺、要求赔偿等严重情况时,应联系消费者和直播方核实情况,并与直播方共同商议解决方案,推动问题解决。

第六,应处理商品促销活动的内容、服务承诺、领取方式等咨询。

第七,应处理商品支付、物流配送、退换货物承诺等服务流程的咨询。

直播方在直播后的服务包括但不限于以下内容:

第一,应积极履行直播间的交易承诺,并督促商家履行对消费者的交易承诺。

第二,宜监控商家的服务能力,通过直播账号和其他渠道了解消费者的诉求,并推动商家履行交易承诺,提升服务质量。

第三,应建立不低于一种消费者投诉渠道,受理并解决消费者诉求。

第四,当消费者投诉无法得到及时处理时,应积极协调平台和商家,推动问题解决,必要时启动应急处理机制解决问题。

第五,当商家服务能力不能满足消费者需求时,直播方可督促商家调整服务方案;必要时可介入商家的服务过程管理;调派人员协助,确保商家的售后服务质量,积极保护消费者权益;帮助处理消费者的投诉问题,有效解决消费者进一步投诉或差评现象的发生。

第六,出现违背承诺、要求赔偿等严重情况时,及时核实情况,与消费者协商处理,并与商家共同商议解决方案,推动问题解决。

第七,直播前与商家建立投诉处理制度,明确处理流程、节点、各方责任。

第四节 电商直播私域流量转化

一、私域流量的概念

私域流量是相对公域流量而言的。公域流量属于集体所共有的流量,如淘宝、天猫、京东等平台自带流量,商家入驻后可直接实现流量的转换,但大部分流量都不能为商家所用。而私域流量是私人可以自由反复利用、无须付费，且能随时触及的流量，通常指被沉淀在公众号、微信群、个人微信号、头条号、抖音等自媒体渠道的用户。

私域流量的核心是维护用户关系，增加商家和用户之间的黏性。电商直播的私域流量一般以微信群、淘宝群等为主，主要通过利益诱导和优质内容进行运营和维护。私域流量的最高境界是人格化，即商家将自己塑造成一个有血肉、有生活的感情专家和好友形象，私域流量运营的最高境界即成为用户"私人伙伴"。

与私域流量相关联的是流量池的概念。流量池指的是流量巨大的渠道，比如淘宝、百度、微博等，只要预算足够，可以持续不断地获取新用户。而私域流量与其相对，指的是不用付费就可以在任意时间、以任意频次直接触及用户的渠道，私域流量主要体现为线上平台的一种运营模式。

私域流量的崛起代表着商家从"以产品销售为中心"向"以顾客终身价值为中心"的经营思维的转型。2019年，艾媒咨询数据显示，网民对私域流量运营接受度较高，仅有7.6%的受访者表示反感，40.8%的受访者因能够享受优惠而进入营销方私域，44.4%的受访者认为私域运营促进了他们的消费。2020年，知乎《2020电商增长驱动力》的行业报告中，再次指出了私域流量的重要性。

二、私域流量的转化

私域流量的转化实际上是粉丝经济的运营，即如何满足粉丝需求，实现商业变现。私域流量的转化可以通过以下几步完成。

第一步，精准吸粉。在主播直播的过程中，吸引观众关注淘宝店铺、抖音店铺等，然后进入淘宝群、微信群，关注公众号或关注微博等。

第二步，优惠福利养粉。商家可以在社群中发放商品优惠券，设置群内打卡、转发点赞、拼团等优惠福利活动；同时，可以在直播间发放福袋、分销红包，设置抽奖口令，鼓励用户进入粉丝群，让粉丝在社群互动中能切实得到优惠福利。优惠福利一方面可以稳定粉丝人数，刺激潜在消费；另一方面能够加强粉丝对主播的信任，一旦建立起信任关系，粉丝群会不断壮大，也有利于提高交易率。

第三步，粉丝流量变现。当粉丝达到一定的数量后，直播平台连接多平台商家，在直播时通过互动交流引导粉丝消费。在私域流量的转化中，粉丝社群的运用和维护对提高交易率有着至关重要的作用。

图6-3所示为私域流量运营图。

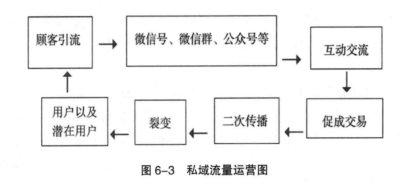

图 6-3 私域流量运营图

三、私域流量运营案例解析

李佳琦的私域流量运营

李佳琦私域流量的运营主要体现在微信个人账号、微信群和微信公众号的搭建。在李佳琦的直播间,他会建议用户通过关注他的微信公众号来获取更多的信息,这样他就把淘宝平台的公域流量引到了自己的流量池。

在李佳琪的微信群里,每天微信群机器人助理会发一个"佳琦粉丝订单问题登记表",主要针对在直播间下单的粉丝,通过这个表格,李佳琪及其团队可以更好地解决粉丝们的售后问题,从而不断地提高自身的服务能力。

李佳琦直播间推荐的商品一直号称"全网最低价",而且他经常在直播间、社群、微信公众号给粉丝送福利,这样的举措不仅吸引了大量的用户来关注他,而且培养了用户与主播互动的习惯,更增强了用户黏性。

在李佳琦的微信群中,每天会有一个名为"所有女生心愿清单"的表格让粉丝填写,里面主要包含四项内容:粉丝群编号、微信昵称、佳琦直播间亲密度(新粉、铁粉、钻粉、挚爱)、需要产品名称(品牌+产品类别)。表格每日更新,微信群主每日根据表格数据将粉丝需求量比较大的产品进行上报,上报的产品就会在最近的直播间出现。这样,通过调查分析用户的需求,可以提供针对性强的内容,从而精准地推送给用户,真正做到"想用户所想,急用户所需"。

另外,微信公众号每天会在下午6点左右发布推文,介绍当天即将直播的产品以及直播顺序,对于美妆类产品,还会标明功效以及适合的人群。这就极大地节省了用户的时间,用户可以根据自己的喜欢有选择性地观看直播,从而购买自己心仪的商品。直播开始后,助理会把直播链接发到群里,告知大家直播已开始,这样就把微信群里的用户引流到直播间。

李佳琦的私域流量运营真正做到了产品的精细化,用户运营的精细化,不仅提升了用户的满意度，还延长了产品的生命周期，加快了产品变现的速度，彻底改变了过去"以产品为中心"的运营理念，转向"以用户为中心"的经营理念。

第五节 电商直播平台的选择

2022年2月，中国互联网络信息中心（CNNIC）发布的第49次《中国互联网络发展状况统计报告》显示，截至2021年12月，我国网民规模达10.32亿，互联网普及率达73.0%，有8.88亿人收看短视频、6.38亿人看直播、8.12亿人网购、4.69亿人叫外卖、3.25亿人用在线教育、2.39亿人用在线医疗等。

互联网应用和服务广泛渗透的数字社会背后，数字支付相当关键。截至2021年12月，我国网络支付用户规模达9.04亿，2021年前三季度，银行共处理网上支付业务745.56亿笔，金额1745.9万亿元。我国网络支付业务规模稳步增长，为促进消费扩容提质、支持经济发展提供了有力支撑。

当消费端的行为习惯和偏好发生变化时，各行业也会灵敏捕捉到潜在的商业机会和业务定位，快速适应消费端的变化，组建新的增长线。在移动互联网技术的影响下，直播行业如沐春雨，迎来了快速发展与创新时期，各商务机构对直播平台加大了投资力度，而短视频平台、社交平台、电商平台、综合视频平台等也纷纷布局了直播业务。

电商直播平台种类繁多，这对于想开展线上直播的商家来说，反而面临了一道选择平台的难题。

一、直播平台介绍

（一）淘宝直播

淘宝直播定位为"消费类直播"，是淘宝在2016年重点打造的"边看边买"的内容导购社交平台。淘宝直播以淘宝平台为载体，它的内容组成是一条长尾，分布着各个消费领域的KOL（key opinion leader 的简称，是营销学上的概念，通常被定义为拥有更多、更准确的产品信息，且为相关群体所接受或信任，并对该群体的购买行为有较大影响力的人）、网红、明星等群体。商家寻找合适的主播或直播机构进行合作，依托达人和机构帮自己卖货。

淘宝是强电商属性的平台，具有丰富的商品品类，可以依托自身流量和外部平台流量作为流量分发的基数，且用户以一、二线城市为主，三、四、五线下沉市场也有覆盖。淘宝平台通过建立直播入口，可以直接将货、人聚集在一个场景中，对于品牌而言是理想的线上销售场景。但是，淘宝的强电商属性也意味着在该平台进行直播的品类十分丰富，这对于小众品牌商家来说不具备优势，流量较为集中在头部商家和主播。所以在淘宝直播平台中，内容制作和主播选择是提升流量的关键因素。

（二）抖音

抖音是娱乐社交属性的平台，主打娱乐社交内容，具备高流量和高活跃度的平台优势。抖音的观众以都市青年为主，主攻一、二线城市。抖音直播带货相对淘宝直播弱一些，但随着网红经济带火抖音直播，引起众多品牌的关注，抖音肯定会加速推动直播业务形态的打磨和沉淀。另外，抖音属于头条系，抖音直播流量推荐方式和头条类似，是重算法轻粉丝的逻辑，平台会依据用户偏好和浏览习惯将内容和用户进行匹配，通过算法进行精准推荐。对于在抖音开启直播的品牌而言，将面临如何吸引流量的难题，前期直播的宣传和曝光以及选题等都至关重要。

抖音的内容调性是"突出美好"，而内容分发方式为"智能算法推荐 + 社交分发"。得益于优秀的产品和服务能力，抖音快速发展壮大。抖音采取的是去中心化流量分发模式，倾向于给用户推荐其可能喜欢看的内容。用户制作并上传短视频后，平台会将该视频投入一个初始流量池，并根据视频的完播率、点赞量、评论量、转发量等反馈指标决定是否继续分发。如果视频反馈较好，平台将层层推荐至更大的流量池，流量能快速汇集至高质量内容，对优质内容创作者非常有利。

（三）快手

快手以下沉市场为主，基于社交和用户兴趣进行内容推荐，平台主推关注页内容，同时注重加深主播和粉丝之间的关系、黏性。

快手操作简单、功能丰富，并且避免注意力资源的两极分化，让每个人获得相对均等的机会，真正惠及长尾用户。快手对用户上传的视频根据标题、描述、位置等打上标签，并匹配给符合标签特征的用户。

快手拥有独家支持的第三方电商平台和自建平台，同时拥有微信小程序电商。快手的强社交特性和社区氛围使其形成了独特的"老铁经济"，真实和信任让"老铁经济"的社交黏性较强，用户与KOL之间的高互动性和信赖感为电商变现提供了天然的基石。

快手热销商品品类集中度更高，食品饮料、个人护理、精品女装占总销量的60%以上，相比于品牌知名度以及产品的公知口碑，快手用户更信赖主播的推荐，也更多地追求产品的高性价比和实用性。

（四）微博

微博属于社交和内容平台，用户规模大。但由于微博整体注重热点话题，偏短平快新闻的聚合，直播流量较少，其直播的类型和内容往往以服装、配饰、生活用品等非标品类为主，目前主要靠"KOL直播+话题热搜"，入驻直播的商家较少。

（五）拼多多

拼多多属于后电商时代崛起的平台，拼单、团购的属性也使其具备了社交电商的基因，以下沉市场为主。目前其直播货品以单价较低的小商品、农产品或者地方特产为主，很接地气，也有一定的忠诚用户，对有下沉需求的品牌而言是一个值得尝试的流量池，但价格一定不是直播的重点。

（六）西瓜视频

西瓜视频也属于头条系，主要直播内容涵盖热门游戏直播，包含音乐类直播、美食直播、旅游直播等，流量来自平台用户。目前西瓜直播板块还在前期阶段，主播和商家都在孵化阶段。值得一提的是，西瓜视频有为销售转化专门搭建的值点商城，可以打通电商后链路，对于中小品牌来说是不错的直播平台。

（七）京东直播

京东直播具有较强的电商属性，开始于2018年8月，用户是为了购买产品而观看直播的，消费目的较强。由于京东用户以男性群体为主，因此京东直播区别于其他电商直播推销、咆哮式的直播方式，以测评、实物展示为主。另外，京东直播未有代表性网红主播和商家，但具有基因庞大的用户基础和全品类的电商优势。京东会更倾向于推出爆款商家和主播联合的方式，以此吸引更多商家加盟。

（八）腾讯直播

腾讯直播是较佳的私域运营阵地，主要有平台流量大等优势。腾讯的微信公众号、微信号、服务号、小程序、企业微信等工具，成为企业和个人建立私域流量池的阵地。腾讯完美的商业闭环，适合全品类、全行业，且入场门槛低，旗下

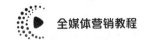

直播平台多、直播业务全。

腾讯的劣势也很明显,如电商直播还不普及,发力较晚,缺少平台初始推荐,不利于电商直播的冷启动,缺乏电商基因等。

(九)小红书

小红书直播是面向内容创作者、小红书博主推出的与粉丝深度互动的平台,更偏向于生活方式分享,目的是让用户在看到有价值的内容同时,能够和博主进行面对面、实时、连续的深度互动。重在内容的真实分享,提供多元化的内容展现方式。在全民直播时代,小红书的直播进场看起来有点晚,还属于前期测试期,其直播流量来源是平台自身流量和小红书达人私域流量。目前来看,小红书的直播受众主要还是针对私域流量,推荐商品以美妆、服饰为主,且基本属于知名品牌。另外,小红书社交种草和笔记基因较强,以生活记录分享为主。小红书直播取得流量的关键,在于如何将散落的私域流量和公域流量汇聚在一起。

(十)B 站

B 站以年轻用户为主,聚焦于二次元等类型的内容。对于品牌而言,该平台的价值点在于用户的年轻化。现在大多数传统品牌都在努力向年轻化转型,B 站往往是被优先考虑的营销阵地。目前 B 站直播较少,形式以品牌联合为主,共创内容较多,带货品类也十分集中,以科技产品、小众潮流商品为主。

二、直播平台选择

(一)平台流量

作为主播,需要更大的平台流量。平台流量分为百度排名以及用户的关注度。网站排名和平台的宣传是开发新用户、开拓市场的一种手段,对于大多数进入直播平台看直播的用户而言,这不是选择平台的绝对参考数据,很多观看直播的用户都有自己长期关注的主播和平台。

一般来说,平台新入驻主播的数量越多,平台越是火热,平台主播多必然是一件好事,但也会带来巨大的竞争压力。直播行业没有流量对主播是致命的伤害,主播应根据自身直播的特点选择适合自己的平台。主播选择直播平台时,建议选择具有社交功能的直播平台,或者有内容创作条件的直播平台,便于作品传播,收到更多关注。作为主播,最好努力提升自己的直播能力,学会带动现场,展示自己的技能,获得更好的流量反馈,甚至平台的流量扶持。

（二）平台收入

平台收入分为平台对新人的扶持政策和打赏分成两部分。

新人扶持政策很多平台都有，例如直播时间达到多久奖励多少，或者粉丝达到多少奖励多少等。还有一些平台对高质量的新主播有曝光率的奖励政策。这都是需要主播在直播之前重点考虑的问题。主播可以具体了解各平台的政策内容，方便后期设计自己的直播计划。

关于打赏分成，不同平台设置的分成比例是不一样的。主播一方面要考虑平台的分成比例，另一方面要考虑平台的流量。没有流量的平台就算给你100%的分成，也难以满足长期发展的需要。所以在选择平台时要做综合考虑。

（三）综合运营能力

这里的运营能力不单单指主播的运营能力，还有平台自身的运营能力。一个好的平台加上好的运营团队，就能够孕育出高质量的主播。平台的运营水平直接影响主播直播活动的效果和曝光率，有经验的直播平台运营团队会针对平台的主播定制特有的活动来吸引平台的用户。

针对主播而言，自身的运营、形象的塑造、直播主题内容的精炼才是核心内容。如何在众多主播之间脱颖而出，吸引更多的粉丝，需要主播花更多时间去思考。只有精炼直播内容，创造出更多更有价值的内容才能吸引更多的用户，这才是主播后期变现的源泉。

思考题

一、直播营销的市场发展现状是什么？未来发展前景如何？

二、举例说明不同直播平台的类别和特点。

三、直播产品的特征是什么？

四、结合个人经验谈谈直播选品的思路和方法。

五、电商直播售后有哪些内容？

六、私域流量是什么？应该如何转化？

七、简要谈谈主播达人利用私域流量变现的方法和值得借鉴之处。

八、电商直播平台的选择原则有哪些？

九、假设你打算进行一场直播带货，你会选择哪个电商平台？说出你的理由。

第七章　全媒体营销运营管理

【目标】

通过本章的学习，学生应了解网络主播的产生途径、网络主播应具备的基本素养和直播营销的概念；学习电商选择主播的原则，熟悉全媒体直播营销的三种模式；能够确定直播主题、策划直播脚本和制定直播预热方案。

第一节　网络主播的挖掘与培养

网络主播指在互联网节目或活动中，负责参与一系列策划、编辑、录制、制作、观众互动等工作，并由本人担当主持工作的人或职业。网络主播按照直播内容可分为秀场主播、游戏主播、其他主播。其中以秀场主播和游戏主播居多，其他主播形式较少。

随着国内网络直播行业的蓬勃发展，视频直播行业及游戏产业的推动，网络主播的分类以及直播的形式更加丰富多样。秀场主播以年轻人居多，按秀场内容分为唱歌主播、MC主播、聊天主播、NJ主播、舞蹈主播、乐器主播等；游戏主播按游戏内容分为英雄联盟主播、绝地求生主播、DOTA2主播、穿越火线主播、地下城与勇士主播、风暴英雄主播、炉石传说主播、魔兽世界主播等，游戏主播通常由游戏职业玩家、游戏高玩、游戏红人等转型而来。除了秀场主播与游戏主播之外的其他网络主播有教学主播、美食主播、户外主播、财经主播、健身主播、理财主播等。

一、网络主播的产生

（一）赛事选拔

参加官方赛事活动，通过选拔成为主播。在大赛中素人可以秀才艺、展示自我形象,从而进入主播行业,通过直播平台实现自我价值。比如全球华语网络主播大赛是面向全球华语圈的全民声音秀(图7-1),大赛不局限于传统主播人才的参与,更注重发现和挖掘有态度、有创意、有特点、有关注的声音,为其搭建展示声音才华的舞台,助其实现声音梦想;让每一位"华语声音达人"都有展现自己才华的机会,创造个人自身新价值。

图7-1 全球华语网络主播大赛

(二)签约培养

专业的传媒公司会通过签约培养的方式打造网络主播。如无忧传媒在线上发掘人才,在线下拓宽渠道,推动主播参与营销和广告活动,以及影视和综艺节目的制作、传播,从而提升主播知名度,实现增值。图7-2所示为芒果TV举办的"青芒星主播"节目的主播签约仪式。

图7-2 芒果TV主播

(三）自建团队

随着新媒体的不断发展，直播平台的入驻门槛越来越低，人人都可以组建团队来进行直播带货。比如品牌商家可以直接在具有直播功能的APP上直播，进行货品展示。有兴趣带货的素人也可以自行选品，在直播间进行推荐和销售。图7-3所示为上海商圈孵化"素人"直播团队。

图7-3　上海商圈孵化"素人"直播团队

（四）名人明星参与

在某领域具有一定名气的人或者娱乐圈的明星也会参与直播。目前在直播间中可以看到很多名人和明星，他们利用自己的名气来进行直播带货。

通过仔细观察可以发现，能带货的明星有一些共同点：高配合、能坚持、够专业。其实这也正是电商机构推出明星直播时的人选标准。说到电商机构，据悉，其与明星的直播合作都是独家排他性质的合作，一旦达成合作，该电商机构就会成为该明星在全网唯一的核心直播操盘方。对于明星而言，要将自身的直播业务独家签约于电商机构，这背后也体现出巨大的信任和对该机构直播运营能力的认可。图7-4所示为明星出席电商直播活动。

第七章　全媒体营销运营管理

图7-4　明星出席电商直播活动

(五) AI 技术

通过语音合成、唇形合成、表情合成，以及深度学习等技术，可克隆出具备和真人主播一样的播报能力的"AI 合成主播"。目前常采用动画人物进行直播，仿真人主播由于制作成本和技术问题还没有大量出现。图 7-5 所示为映客直播 AI 技术——打造更懂你的直播平台。

图 7-5　映客直播 AI 技术

二、网络主播的基本素养

（一）个人风格

网络主播的门槛较低，想在众多主播里脱颖而出就一定要有能吸引人的特色或者准确的个人定位，这样才能吸引用户眼球、积累粉丝。

（二）亲和力

网络主播变现的重要渠道是卖货，粉丝信任度越高，带货转化率就越高，所以通过提升亲和力来获得粉丝的信任，与粉丝建立长期的关系，是直播变现的重要基础。

（三）专业知识

主播需要对自己推荐的产品的功能、特色、性价比了如指掌，这是对粉丝负责，也是对主播自身的信誉负责。你掌握的专业知识越多，粉丝对你的信任度就越高。

（四）销售技巧

带货主播的口才一定要好，还要掌握一定的销售技巧。比如要找准产品能够戳中粉丝内心的亮点，还需要用加强实惠感、紧迫感等的说话技巧与方法，去激起观众的购买欲等。

（五）有耐心、积极热情

主播在镜头里要始终保持热情洋溢的态度，因为直播间里大部分是一个人对着镜头自言自语，如果主播的态度不热情，观看的用户也就提不起兴趣。

（六）良好的应变能力

直播间里任何突发状况都有可能出现，发生问题时需要主播随机应变，并对观众提出的问题进行及时反馈，这样才能打造良好的直播氛围，给观众带来良好的体验。

（七）强大的心理承受力

网络主播最难的阶段是刚开始积累粉丝的阶段，很多新主播没法坚持自言自语，或者面对一些不好的评论无法调节情绪，但这是成为一名成功主播的必经阶段，需要强大的心理承受能力，做到长期坚持。

三、电商选择主播的原则

（一）确定主播人设

商家在选择主播时，要根据自己的产品定位进行选择。因为每个主播都有自己的人设，所以商家选择的主播人设一定要与自己的产品相契合。

（二）主播形象要求

如果主播拥有良好的形象，就能更好地通过颜值吸粉。服饰类商家对主播的颜值、身材的要求会更高。

（三）具备专业能力

商家在选择主播时会优先选择专业能力强的主播，因为这样的主播能够快速熟悉产品、提炼产品卖点、掌握直播流程，知道什么时候抽奖，什么时候分享主题、分享"干货"等。有专业能力的主播能够通过与观众互动来调控直播气氛，通过提一些引导性问题来调动观众的积极性；同时可通过话术来说服用户购买商品，从而提升转化率。

（四）衡量性价比

衡量主播性价比的依据主要是其过往的转化率。商家也可以自己培养一个符合心意的主播。

四、成功主播案例解析

摆摊女孩的当红主播之路

自2016年开始，直播行业迎来了风口，也产生了一大批优质的主播，他们拥有超高的人气，并且收入不菲，成为很多网友羡慕的对象。其实在高收入的背后，他们也付出了常人难以想象的辛劳，陌陌平台上的张依依就是典型的例子。

1993年出生的张依依有着高挑的身材和靓丽的容颜，17岁时就有了经商意识。她18岁在北京一边念书一边卖衣服，当时张依依最大的愿望就是做生意赚钱，然后结婚生子。

23岁的时候，张依依因为一个偶然的机会接触到了陌陌平台，本着试试看的想法，她成了一名主播，谁曾想拥有高颜值的张依依如鱼得水，半个月的时间就赚取了6000多元的收入，这比她卖东西的收入高多了。随着时间的推移，张依依的人气越来越高，收入也直线上升，高的时候月收入可以达到 30 万元，平均月收入在 10 万元左右，当然，与这些成绩相对应的是辛苦的付出。

丰富直播内容、保持新鲜感、避免审美疲劳是每个直播从业人员需要面对的最直接的问题，为此张依依走上了主播的自我修养之路。为了拉近和粉丝之间的距离，张依依首先训练自己的口才，她通过相声、脱口秀等节目积累了大量素材，并将这些素材应用到自己的直播当中，取得了很好的效果。

张依依知道短时间拥有高人气很容易，而将高人气维持住必须要有过人的才艺，并且才艺越多越好。根据自身条件，张依依报名舞蹈班，每天固定时间上课，不管风吹雨打从未缺席。除此之外，她还从零基础学习古筝演奏，尽管遇到过很多困难，但她依然在默默坚持。

生病时张依依一边在医院打点滴一边拿着手机直播。因为饮食不规律，张依依半夜被胃痛惊醒，趴在马桶边呕吐；压力过大时张依依一个人在房间里失声痛哭……白天上课，晚上直播，几乎没有休息时间，这是张依依最真实的生活写照。无论白天多么劳累，张依依晚上总是神采奕奕地出现在直播间，给粉丝们带去欢乐。

辛苦的付出也换来了丰硕的回报，张依依先后参加了两届"陌陌惊喜夜"，获得与明星同台表演的机会，并且在线下获得了广告商的青睐，拍摄了多条广告，出演了电视剧《白眉大侠》，参加了综艺节目《我爱二次元》等。

第二节　全媒体直播营销的策划

一、直播营销的定义

直播营销是随着网络直播的兴起而出现的一种新的营销传播形态和营销方式。在直播营销产业链中，上游主要为供应商，如品牌商、经销商、制造商等；中游主要为 MCN 机构、主播和直播平台；下游为用户。一方面，在供应端，MCN 机构和主播链接供应商，为供应商的商品策划定制化内容。其中，MCN 机构可以为供应商对接适合的主播，并为主播提供账号管理、流量推广等运营方面的支持。另一方面，在需求端，MCN 机构和主播链接用户，可以搜集用户的消费反馈，通过大数据分析用户偏好，并反馈给供应商，从而帮助供应商进行商品结构的优化。

二、全媒体直播营销模式

（一）娱乐化营销模式

娱乐化营销模式就是将娱乐要素渗透到消费者的购物过程中，形成一种全新的购物方式，并让消费者获得愉快的消费体验。

娱乐化营销模式的兴起，一方面是供方市场竞争日益激烈所致。当下电子商务行业竞争激烈，除了老牌的电商企业，一些后起之秀也不断涌入这一领域，要想在如此激烈的竞争环境中获得发展，势必要寻求新的方式来创新供给，而借助娱乐化要素恰是一个很好的突破口。

另一方面，随着经济的发展和人们消费需求的不断升级，传统的功能性消费已经不能满足人们的消费需求，人们更倾向于精神消费、个性消费，消费者消费需求的不断升级使得电商行业不断地进行创新。对于电子商务来说，娱乐性要素的加入优化了用户的购物体验，不仅满足了用户的消费需求，也使用户获得精神上的愉悦。

（二）场景化营销模式

场景化营销中的场景是由人、物、场地三个核心要素构成的，而技术要素、时空要素、主体要素和社交要素都围绕这三个核心要素发挥作用。场景化营销是一种新的营销理念和营销方式，它在传统广告营销的基础上发展而来。实际上场景化营销是针对消费者在现实环境中的需求而进行的营销活动，这种需求更多是心理层面的，存在于消费者潜意识中，而场景化营销是激发消费者购物需求的手段。

电商在进行网络直播时，首先通过网络技术搭建起一个购物场景，它不再囿于时间和空间的限制，将有着相似消费属性的用户聚集在这个直播平台上，场景化营销的关键就是对消费者心理的洞察，并在此基础之上通过场景设置来激发消费者的购物需求。

以美妆类电商直播为例，用户从观看直播开始就已经进入预设的购物场景中，主播通常素颜出镜，这满足了用户的窥私心理。用户看到了主播与公开形象反差较大的一面，是引导用户进行购物的第一步；然后主播会在镜头前化妆，将现实生活中的场景再现，从线下到线上让用户产生共鸣感，更易进入场景。在直播过程中主播会与用户实时互动交流，解答用户疑问，为用户提供美妆技巧。主播在直播间起到了导购的作用，引导用户向既定的销售目标而去，在这种社交化的场景中，用户的购物需求很容易被激发出来。

唯品会上线的直播节目《唯品美美搭》，借助时尚穿搭的介绍，为用户塑造消费场景。节目邀请时尚达人担任主持，在节目中会为消费者预设不同的消费情境，并传授在不同场景中的穿搭技巧，现场为嘉宾搭配不同风格的服饰，用户可以直观地感受到搭配效果。这种场景化的营销模式在向消费者传授搭配理念的同时，会激发其潜在需求，使消费者实施购买行为。

（三）全新用户体验模式

随着电商行业的发展以及移动互联网技术的不断进步，网购对消费者来说已变成常态，消费者也变得愈加挑剔，个性化消费更加明显，他们对传统的电商营销方式渐露疲态。对于电商来说，流量不等于购买量，特别是在如今竞争异常激烈的市场上，消费者面临的选择越来越多，运用有效的宣传策略吸引流量还远远不够，如何提供个性化服务，给消费者以全新的购物体验，对于提高流量转换率、促使流量变现有很大的作用。

在一般的消费决策过程中，消费者从需求产生到实施购买要经过四个阶段：明确某种需求、信息搜集、信息评估、实施购买行为。现如今消费者的购物行为发生了很大变化，网络购物更加便利，消费者不再仅仅满足于功能性购物，他们更倾向于个性化的购物需求。传统的网络购物中，消费者进入某家商铺，找到自己感兴趣的商品，然后与商家沟通，最后下单。但是网络同款众多，怎样让消费者实施购买行为，提高进店客户的流量转化率是电商面临的一个重要问题，它直接关系着电商的经济效益，电商直播这种新的营销方式对于流量变现有很好的促进作用。

直播营销相较于传统电商来说，互动和社交的意味更为明显。电商直播给用户以全新的购物体验，直播过程中主播与用户在评论区实时互动，解答用户关于商品的问题，这种社交式购物体验激发了用户的兴趣，使用户乐于购物。

三、全媒体直播的营销策划

电商直播的兴起让许多人蠢蠢欲动，想要转型做带货主播，可是他们对直播带货有很多的疑问，比如如何确定直播主题，直播需要哪些设备，怎么选品，直播前要做哪些准备工作等。这些问题归根结底都是直播营销策划问题。

（一）确定直播主题

确定直播主题就是确定你在直播中要给用户呈现什么。确定了直播主题也就确定了直播的核心。那我们怎么确定直播的主题呢？其实可以根据产品的定位来确定。

比如你是卖服装的,那么直播主题可以定为"某季时尚穿搭";而如果是卖农产品的,那么直播主题就应该向"绿色、健康、无污染"等核心靠拢。直播主题是让观众进入你的直播间的理由之一,因此直播主题要简单明了,抓住用户的心理。

(二)策划直播脚本

策划直播脚本的目的在于让直播能够按照流程走,在直播脚本中要安排好直播时间、直播内容、产品讲解话术,以及优惠券设置等内容。

(三)直播预热方案制定

只有制定直播预热方案才能按照计划推广直播间,要把直播时间、直播内容、直播福利等发布在用户能够看到的地方。

1.发布预热短视频

几乎所有主播在直播前都会发布预热短视频,通过各种各样的方式告诉用户"我要直播了!"例如 Angelababy 直播前就在抖音连续三天发布了预热短视频,每个直播预热视频都有一百多万的用户点赞回应。Angelababy 预热短视频如图 7-6 所示。

图 7-6　Angelababy 预热短视频

2.微博、微信预热

微博、微信都是用户过亿的平台,如果你的粉丝基数大,就一定要利用这两个平台来为直播预热。例如 Angelababy 在微博发布直播预热文案,这条微博获得了 10.9 万点赞、3.7 万评论、1.7 万转发,也就是说,有十几万的用户对她的直播预告给出了回应,而当晚她的直播间观看总人次达 2600 万。

淘宝有些头部主播也经常在微博做直播预热,通知用户直播时间并发放福利,以此引导用户准点进入直播间。这些主播会在直播预热文案中给出福利诱饵,如抽奖送平板电脑、送红包等,从而提升预热文案的热度,吸引更多人发现自己的直播预告,引导他们进入直播间。

除此之外,还可以通过微信朋友圈、社群、今日头条等多种渠道来为直播间做推广,吸引观众进入直播间。

(四)准备直播设备

一名专业的主播在直播时需要下列设备。

(1)手机:直播手机通常是个人日常所用手机之外的专用手机,如果是预算不足的新主播,也可使用自用手机进行直播。如果预算充足,建议选择各大品牌的旗舰机,内存要足够大,一般不低于 128GB,避免直播卡顿。当然,严格意义上讲,如果对直播要求不高,任何一台当下主流的智能手机都可以满足基本的直播需求。

(2)麦克风:专业的主播通常会选择使用独立的麦克风,如扩音话筒、麦克风阵列等,以提供清晰的声音。

(3)声卡:专业声卡能改变声音、烘托氛围,是直播必备设备,目前主流的声卡都是功能性外置声卡,支持伴奏、特效声、音质加强等功能,随着手机直播的流行,越来越多的外置声卡都支持电脑、手机通用。

(4)补光灯:补光灯可谓直播必备"神器",可以调节光线氛围,保证直播画面光线充足,起到美颜嫩肤的效果,即使身处背光或弱光的场景,也可以给观众们一个比较完美的画面。

(5)手机支架:手机支架必不可少,其能够帮助主播固定手机,同时能减轻主播手持手机的压力。推荐选用能升降高度的三脚架,不仅便于携带,而且能同时满足室内、室外直播的需求。

(五)直播内容

对于直播来说,直播间的布置、直播设备的好坏、主播的形象装扮等固然重要,但实际上直播输出的最核心的东西还是内容,直播内容的好坏在很大程度上直接决定着直播的成败。

在策划直播内容的时候,我们要考虑到一场直播中的不同阶段需要与什么样的内容相匹配,比如用什么话术来引入产品,又用什么方式来和观众互动,以及采用什么方法来促进成交。

首先,主播可以通过品牌和产品背后的小故事或者历史来引入产品,然后讲解产品的外观特点、卖点,展示产品的使用方法,并和其他同类产品进行对比,突出自己产品的优势。其次,主播可以通过福利抽奖、分享评论等方式来与用户互动,最后用促单话术来"催"用户下单,促进成交。

(六)直播数据及场控调度

除了直播内容外,直播中还有很多事情需要时刻进行监测调度,保证直播有序进行。

1. 直播后台推送

维护商品库存,及时上架商品并把控抽奖送福利等环节。

2. 场控

主播助理要根据直播时观众的反应以及主播的需求等举牌提醒直播进度以及直播注意事项。例如,许多主播达人的直播间经常需要加货,这个时候就需要有助理及时跟品牌商确认是否加量,然后反馈给主播,主播传达给观众,形成一个流畅的传播链。

3. 数据监测及策略调整

直播过程中需要随时监测直播数据,并根据观众的反应和产品销量以及各种突发状况及时做出策略上的调整。

(七)直播后的沉淀及复盘

每一场直播结束后都应该做直播沉淀和复盘,发现直播中的不足之处,然后做出应对措施,以便在下一场直播时避免同样的失误。直播后的沉淀和复盘通常包括以下内容:

首先,直播结束后要核对直播中送出的奖品以及免单发放明细,确保用户的福利得以顺利发放。

其次,记录直播中的失误,盘点直播成果,分析直播中的规律(产品销量好的时段、品类等),最后进行总结,提出解决以及优化方案。

思考题

一、简述网络主播的分类。

二、网络主播可以从哪些途径产生?

三、网络主播应具备的基本素养包括哪些内容?

四、什么是直播营销?

五、全媒体直播营销的模式有哪些?

六、如何确定直播主题?

七、如何制定直播预热方案?

八、如何做直播后的沉淀与复盘?

第八章　全媒体直播营销的政策法规

【目标】

通过本章的学习,学生应了解国家的支持、鼓励和引导政策,学习直播平台与从业者的法律责任;熟悉推动完善直播行业自建体系建设的相关法律条款;掌握网络直播从业者应遵守的规范。

第一节　国家的支持、鼓励与引导

一、优化政府监管职能

(一)《互联网直播服务管理规定》第三条

提供互联网直播服务,应当遵守法律法规,坚持正确导向,大力弘扬社会主义核心价值观,培育积极健康、向上向善的网络文化,维护良好网络生态,维护国家利益和公共利益,为广大网民特别是青少年成长营造风清气正的网络空间。

(二)《互联网直播服务管理规定》第九条

互联网直播服务提供者以及互联网直播服务使用者不得利用互联网直播服务从事危害国家安全、破坏社会稳定、扰乱社会秩序、侵犯他人合法权益、传播淫秽色情等法律法规禁止的活动,不得利用互联网直播服务制作、复制、发布、传播法律法规禁止的信息内容。

二、建立部门间监管合作机制

（一）《互联网直播服务管理规定》第四条

国家互联网信息办公室负责全国互联网直播服务信息内容的监督管理执法工作。地方互联网信息办公室依据职责负责本行政区域内的互联网直播服务信息内容的监督管理执法工作。国务院相关管理部门依据职责对互联网直播服务实施相应监督管理。

各级互联网信息办公室应当建立日常监督检查和定期检查相结合的监督管理制度，指导督促互联网直播服务提供者依据法律法规和服务协议规范互联网直播服务行为。

（二）《网络表演经营活动管理办法》第十六条

网络表演经营单位应当建立健全举报系统，主动接受网民和社会监督。要配备专职人员负责举报受理，建立有效处理举报问题的内部联动机制。要在其网站主页及表演者表演频道页面的显著位置，设置"12318"全国文化市场举报网站链接按钮。

（三）《网络表演经营活动管理办法》第十七条

文化和旅游部负责全国网络表演市场的监督管理，建立统一的网络表演警示名单、黑名单等信用监管制度，制定并发布网络表演审核工作指引等标准规范，组织实施全国网络表演市场随机抽查工作，对网络表演内容合法性进行最终认定。

（四）《网络表演经营活动管理办法》第十八条

各级文化行政部门和文化市场综合执法机构要加强对网络表演市场的事中事后监管，重点实施"双随机一公开"。要充分利用网络文化市场执法协作机制，加强对辖区内网络表演经营单位的指导、服务和日常监管，制定随机抽查工作实施方案和随机抽查事项清单。县级以上文化行政部门或文化市场综合执法机构，根据查处情况，实施警示名单和黑名单等信用管理制度。及时公布查处结果，主动接受社会监督。

第八章　全媒体直播营销的政策法规

第二节　直播行业组织的积极自律

一、明确直播平台与从业者的法律责任

（一）《互联网直播服务管理规定》第十条

互联网直播发布者发布新闻信息，应当真实准确、客观公正。转载新闻信息应当完整准确，不得歪曲新闻信息内容，并在显著位置注明来源，保证新闻信息来源可追溯。

（二）《互联网直播服务管理规定》第七条

互联网直播服务提供者应当落实主体责任，配备与服务规模相适应的专业人员，健全信息审核、信息安全管理、值班巡查、应急处置、技术保障等制度。提供互联网新闻信息直播服务的，应当设立总编辑。

互联网直播服务提供者应当建立直播内容审核平台，根据互联网直播的内容类别、用户规模等实施分级分类管理，对图文、视频、音频等直播内容加注或播报平台标识信息，对互联网新闻信息直播及其互动内容实施先审后发管理。

（三）《互联网直播服务管理规定》第八条

互联网直播服务提供者应当具备与其服务相适应的技术条件，应当具备及时阻断互联网直播的技术能力，技术方案应符合国家相关标准。

（四）《互联网直播服务管理规定》第十二条

互联网直播服务提供者应当按照"后台实名、前台自愿"的原则，对互联网直播用户进行基于移动电话号码等方式的真实身份信息认证，对互联网直播发布者进行基于身份证件、营业执照、组织机构代码证等的认证登记。互联网直播服务提供者应当对互联网直播发布者的真实身份信息进行审核，向所在地省、自治区、直辖市互联网信息办公室分类备案，并在相关执法部门依法查询时予以提供。

互联网直播服务提供者应当保护互联网直播服务使用者身份信息和隐私，不得泄露、篡改、毁损，不得出售或者非法向他人提供。

（五）《互联网直播服务管理规定》第十三条

互联网直播服务提供者应当与互联网直播服务使用者签订服务协议，明确双方权利义务，要求其承诺遵守法律法规和平台公约。互联网直播服务协议和平台公约的必备条款由互联网直播服务提供者所在地省、自治区、直辖市互联网信息办公室指导制定。

（六）《互联网直播服务管理规定》第十六条

互联网直播服务提供者应当记录互联网直播服务使用者发布内容和日志信息，保存六十日。互联网直播服务提供者应当配合有关部门依法进行的监督检查，并提供必要的文件、资料和数据。

（七）《互联网直播服务管理规定》第十七条

互联网直播服务提供者和互联网直播发布者未经许可或者超出许可范围提供互联网新闻信息服务的，由国家和省、自治区、直辖市互联网信息办公室依据《互联网新闻信息服务管理规定》予以处罚。对于违反本规定的其他违法行为，由国家和地方互联网信息办公室依据职责，依法予以处罚；构成犯罪的，依法追究刑事责任。通过网络表演、网络视听节目等提供网络直播服务，违反有关法律法规的，由相关部门依法予以处罚。

（八）《互联网直播服务管理规定》第十九条

互联网直播服务提供者应当自觉接受社会监督，健全社会投诉举报渠道，设置便捷的投诉举报入口，及时处理公众投诉举报。

（九）《网络表演经营活动管理办法》第四条

从事网络表演经营活动的网络表演经营单位，应当根据《互联网文化管理暂行规定》，向省级文化行政部门申请取得"网络文化经营许可证"，许可证的经营范围应当明确包括网络表演。网络表演经营单位应当在其网站主页的显著位置标明"网络文化经营许可证"编号。

（十）《网络表演经营活动管理办法》第七条

网络表演经营单位应当加强对未成年人的保护，不得损害未成年人身心健康。有未成年人参与的网络表演，不得侵犯未成年人权益。

(十一)《网络表演经营活动管理办法》第二十条

网络表演经营单位违反本办法第四条有关规定,从事网络表演经营活动未申请许可证的,由县级以上文化行政部门或者文化市场综合执法机构按照《互联网文化管理暂行规定》第二十一条予以查处;未按照许可证业务范围从事网络表演活动的,按照《互联网文化管理暂行规定》第二十四条予以查处。

(十二)《网络表演经营活动管理办法》第二十一条

网络表演经营单位提供的表演内容违反本办法第六条有关规定的,由县级以上文化行政部门或者文化市场综合执法机构按照《互联网文化管理暂行规定》第二十八条予以查处。

(十三)《网络表演经营活动管理办法》第二十二条

网络表演经营单位违反本办法第十条有关规定,为未经批准的表演者开通表演频道的,由县级以上文化行政部门或者文化市场综合执法机构按照《互联网文化管理暂行规定》第二十八条予以查处;逾期未备案的,按照《互联网文化管理暂行规定》第二十七条予以查处。网络表演经营单位自2017年3月15日起,按照本办法第十条有关规定,通过全国文化市场技术监管与服务平台向文化部提交申请或备案。

(十四)《网络表演经营活动管理办法》第二十三条

网络表演经营单位违反本办法第十三条有关规定,未按规定保存网络表演视频资料的,按照《互联网文化管理暂行规定》第三十一条予以查处。

(十五)《网络表演经营活动管理办法》第二十四条

网络表演经营单位违反本办法第十四条有关规定的,由县级以上文化行政部门或者文化市场综合执法机构按照《互联网文化管理暂行规定》第三十条予以查处。

(十六)《网络表演经营活动管理办法》第二十五条

网络表演经营单位违反本办法第五条、第八条、第九条、第十一条、第十二条、第十三条、第十五条有关规定,未能完全履行自审责任的,由县级以上文化行政部门或者文化市场综合执法机构按照《互联网文化管理暂行规定》第二十九条予以查处。

二、推动完善直播行业自建体系建设

（一）《互联网直播服务管理规定》第十一条

互联网直播服务提供者应当加强对评论、弹幕等直播互动环节的实时管理，配备相应管理人员。互联网直播发布者在进行直播时，应当提供符合法律法规要求的直播内容，自觉维护直播活动秩序。用户在参与直播互动时，应当遵守法律法规，文明互动，理性表达。

（二）《互联网直播服务管理规定》第十五条

互联网直播服务提供者应当建立互联网直播发布者信用等级管理体系，提供与信用等级挂钩的管理和服务。互联网直播服务提供者应当建立黑名单管理制度，对纳入黑名单的互联网直播服务使用者禁止重新注册账号，并及时向所在地省、自治区、直辖市互联网信息办公室报告。省、自治区、直辖市互联网信息办公室应当建立黑名单通报制度，并向国家互联网信息办公室报告。

（三）《互联网直播服务管理规定》第十八条

鼓励支持相关行业组织制定行业公约，加强行业自律，建立健全行业信用评价体系和服务评议制度，促进行业规范发展。

第三节　网络直播从业者相关规范

一、依法取得相关从业资质

（一）《互联网直播服务管理规定》第五条

互联网直播服务提供者提供互联网新闻信息服务的，应当依法取得互联网新闻信息服务资质，并在许可范围内开展互联网新闻信息服务。开展互联网新闻信息服务的互联网直播发布者，应当依法取得互联网新闻信息服务资质并在许可范围内提供服务。

(二)《互联网直播服务管理规定》第六条

通过网络表演、网络视听节目等提供互联网直播服务的,还应当依法取得法律法规规定的相关资质。

(三)《互联网直播服务管理规定》第十四条

互联网直播服务提供者应当对违反法律法规和服务协议的互联网直播服务使用者,视情采取警示、暂停发布、关闭账号等处置措施,及时消除违法违规直播信息内容,保存记录并向有关主管部门报告。

二、规范化管理并依法建立审核程序

(一)《网络表演经营活动管理办法》第五条

网络表演经营单位对本单位开展的网络表演经营活动承担主体责任,应当按照《互联网文化管理暂行规定》和《网络文化经营单位内容自审管理办法》的有关要求,建立健全内容审核管理制度,配备满足自审需要并取得相应资质的审核人员,建立适应内容管理需要的技术监管措施。不具备内容自审及实时监管能力的网络表演经营单位,不得开通表演频道。未采取监管措施或未通过内容自审的网络表演产品,不得向公众提供。

(二)《网络表演经营活动管理办法》第八条

网络表演经营单位要加强对表演者的管理。为表演者开通表演频道的,应与表演者签订协议,约定双方权利义务,要求其承诺遵守法律法规和相关管理规定。

(三)《网络表演经营活动管理办法》第九条

网络表演经营单位应当要求表演者使用有效身份证件进行实名注册,并采取面谈、录制通话视频等有效方式进行核实。网络表演经营单位应当依法保护表演者的身份信息。

(四)《网络表演经营活动管理办法》第十条

网络表演经营单位为外国或者香港特别行政区、澳门特别行政区、台湾地区的表演者(以下简称境外表演者)开通表演频道并向公众提供网络表演产品的,应当于开通网络表演频道前,向文化和旅游部提出申请。未经批准,不得为境外表演者开通表演频道。为境内表演者开通表演频道的，应当于表演者开展表演活动之日起10日内，将表演频道信息向文化和旅游部备案。

（五）《网络表演经营活动管理办法》第十一条

网络表演经营单位应当在表演频道内及表演音视频上，标注经营单位标识等信息。网络表演经营单位应当根据表演者信用等级、所提供的表演内容类型等，对表演频道采取针对性管理措施。

（六）《网络表演经营活动管理办法》第十二条

网络表演经营单位应当完善用户注册系统，保存用户注册信息，积极采取措施保护用户信息安全。要依照法律法规规定或者服务协议，加强对用户行为的监督和约束，发现用户发布违法信息的，应当立即停止为其提供服务，保存有关记录并向有关部门报告。

（七）《网络表演经营活动管理办法》第十三条

网络表演经营单位应当建立内部巡查监督管理制度，对网络表演进行实时监管。网络表演经营单位应当记录全部网络表演视频资料并妥善保存，资料保存时间不得少于60日，并在有关部门依法查询时予以提供。网络表演经营单位向公众提供的非实时的网络表演音视频（包括用户上传的），应当严格实行先自审后上线。

（八）《网络表演经营活动管理办法》第十四条

网络表演经营单位应当建立突发事件应急处置机制。发现本单位所提供的网络表演含有违法违规内容时，应当立即停止提供服务，保存有关记录，并立即向本单位注册地或者实际经营地省级文化行政部门或文化市场综合执法机构报告。

（九）《网络表演经营活动管理办法》第十五条

网络表演经营单位应当在每季度第一个月月底前将本单位上季度的自审信息（包括实时监运情况、发现问题处置情况和提供违法违规内容的表演者信息等）报送文化和旅游部。

（十）《网络表演经营活动管理办法》第十九条

网络表演行业的协会、自律组织等要主动加强行业自律，制定行业标准和经营规范，开展行业培训，推动企业守法经营。

第八章 全媒体直播营销的政策法规

思考题

一、优化政府监管职能的法律条款有哪些？

二、直播平台的法律责任包括哪些内容？

三、《互联网直播服务管理规定》中针对提供互联网新闻信息服务的互联网直播服务提供者有哪些要求？

四、互联网直播服务提供者的法律要求有哪些？

五、网络表演经营单位的内部巡查监督管理制度包括哪些内容？

六、网络表演经营单位的突发事件应急处置机制包括哪些内容？

七、如何对网络表演经营单位进行监管？

附　　录

互联网视听节目服务管理规定

第一条　为维护国家利益和公共利益，保护公众和互联网视听节目服务单位的合法权益，规范互联网视听节目服务秩序，促进健康有序发展，根据国家有关规定，制定本规定。

第二条　在中华人民共和国境内向公众提供互联网（含移动互联网，以下简称互联网）视听节目服务活动，适用本规定。

本规定所称互联网视听节目服务，是指制作、编辑、集成并通过互联网向公众提供视音频节目，以及为他人提供上载传播视听节目服务的活动。

第三条　国务院广播电影电视主管部门作为互联网视听节目服务的行业主管部门，负责对互联网视听节目服务实施监督管理，统筹互联网视听节目服务的产业发展、行业管理、内容建设和安全监管。国务院信息产业主管部门作为互联网行业主管部门，依据电信行业管理职责对互联网视听节目服务实施相应的监督管理。

地方人民政府广播电影电视主管部门和地方电信管理机构依据各自职责对本行政区域内的互联网视听节目服务单位及接入服务实施相应的监督管理。

第四条　互联网视听节目服务单位及其相关网络运营单位，是重要的网络文化建设力量，承担建设中国特色网络文化和维护网络文化信息安全的责任，应自觉遵守宪法、法律和行政法规，接受互联网视听节目服务行业主管部门和互联网行业主管部门的管理。

第五条　互联网视听节目服务单位组成的全国性社会团体，负责制定行业自律规范，倡导文明上网、文明办网，营造文明健康的网络环境，传播健康有益视听节目，抵制腐朽落后思想文化传播，并在国务院广播电影电视主管部门指导下开展活动。

第六条　发展互联网视听节目服务要有益于传播社会主义先进文化,推动社会全面进步和人的全面发展、促进社会和谐。从事互联网视听节目服务,应当坚持为人民服务、为社会主义服务,坚持正确导向,把社会效益放在首位,建设社会主义核心价值体系,遵守社会主义道德规范,大力弘扬体现时代发展和社会进步的思想文化,大力弘扬民族优秀文化传统,提供更多更好的互联网视听节目服务,满足人民群众日益增长的需求,不断丰富人民群众的精神文化生活,充分发挥文化滋润心灵、陶冶情操、愉悦身心的作用,为青少年成长创造良好的网上空间,形成共建共享的精神家园。

第七条　从事互联网视听节目服务,应当依照本规定取得广播电影电视主管部门颁发的"信息网络传播视听节目许可证"(以下简称"许可证")或履行备案手续。

未按照本规定取得广播电影电视主管部门颁发的"许可证"或履行备案手续,任何单位和个人不得从事互联网视听节目服务。

互联网视听节目服务业务指导目录由国务院广播电影电视主管部门商国务院信息产业主管部门制定。

第八条　申请从事互联网视听节目服务的,应当同时具备以下条件:

(一)具备法人资格,为国有独资或国有控股单位,且在申请之日前三年内无违法违规记录;

(二)有健全的节目安全传播管理制度和安全保护技术措施;

(三)有与其业务相适应并符合国家规定的视听节目资源;

(四)有与其业务相适应的技术能力、网络资源和资金,且资金来源合法;

(五)有与其业务相适应的专业人员,且主要出资者和经营者在申请之日前三年内无违法违规记录;

(六)技术方案符合国家标准、行业标准和技术规范;

(七)符合国务院广播电影电视主管部门确定的互联网视听节目服务总体规划、布局和业务指导目录;

(八)符合法律、行政法规和国家有关规定的条件。

第九条　从事广播电台、电视台形态服务和时政类视听新闻服务的,除符合本规定第八条规定外,还应当持有广播电视播出机构许可证或互联网新闻信息服务许可证。其中,以自办频道方式播放视听节目的,由地(市)级以上广播电台、电视台、中央新闻单位提出申请。

从事主持、访谈、报道类视听服务的,除符合本规定第八条规定外,还应当持有广播电视节目制作经营许可证和互联网新闻信息服务许可证；从事自办网络剧（片）类服务的，还应当持有广播电视节目制作经营许可证。

未经批准，任何组织和个人不得在互联网上使用广播电视专有名称开展业务。

第十条 申请"许可证"，应当通过省、自治区、直辖市人民政府广播电影电视主管部门向国务院广播电影电视主管部门提出申请，中央直属单位可以直接向国务院广播电影电视主管部门提出申请。

省、自治区、直辖市人民政府广播电影电视主管部门应当提供便捷的服务，自收到申请之日起20日内提出初审意见，报国务院广播电影电视主管部门审批；国务院广播电影电视主管部门应当自收到申请或者初审意见之日起40日内作出许可或者不予许可的决定，其中专家评审时间为20日。予以许可的，向申请人颁发"许可证"，并向社会公告；不予许可的，应当书面通知申请人并说明理由。"许可证"应当载明互联网视听节目服务的播出标识、名称、服务类别等事项。

"许可证"有效期为3年。有效期届满，需继续从事互联网视听节目服务的，应于有效期届满前30日内，持符合本办法第八条规定条件的相关材料，向原发证机关申请办理续办手续。

地（市）级以上广播电台、电视台从事互联网视听节目转播类服务的，到省级以上广播电影电视主管部门履行备案手续。中央新闻单位从事互联网视听节目转播类服务的，到国务院广播电影电视主管部门履行备案手续。备案单位应在节目开播30日前，提交网址、网站名、拟转播的广播电视频道、栏目名称等有关备案材料，广播电影电视主管部门应将备案情况向社会公告。

第十一条 取得"许可证"的单位，应当依据《互联网信息服务管理办法》，向省（自治区、直辖市）电信管理机构或国务院信息产业主管部门（以下简称电信主管部门）申请办理电信业务经营许可或者履行相关备案手续，并依法到工商行政管理部门办理注册登记或变更登记手续。电信主管部门应根据广播电影电视主管部门许可，严格互联网视听节目服务单位的域名和IP地址管理。

第十二条 互联网视听节目服务单位变更注册资本、股东、股权结构，有重大资产变动或有上市等重大融资行为的，以及业务项目超出"许可证"载明范围的，应按本规定办理审批手续。互联网视听节目服务单位的办公场所、法定代表人以及互联网信息服务单位的网址、网站名依法变更的，应当在变更后15日内向省级以上广播电影电视主管部门和电信主管部门备案，变更事项涉及工商登记的，应当依法到工商行政管理部门办理变更登记手续。

第十三条 互联网视听节目服务单位应当在取得"许可证"90日内提供互联

网视听节目服务。未按期提供服务的,其"许可证"由原发证机关予以注销。如因特殊原因,应经发证机关同意。申请终止服务的,应提前60日向原发证机关申报,其"许可证"由原发证机关予以注销。连续停止业务超过60日的,由原发证机关按终止业务处理,其"许可证"由原发证机关予以注销。

第十四条　互联网视听节目服务单位应当按照"许可证"载明或备案的事项开展互联网视听节目服务,并在播出界面显著位置标注国务院广播电影电视主管部门批准的播出标识、名称、"许可证"或备案编号。

任何单位不得向未持有"许可证"或备案的单位提供与互联网视听节目服务有关的代收费及信号传输、服务器托管等金融和技术服务。

第十五条　鼓励国有战略投资者投资互联网视听节目服务企业;鼓励互联网视听节目服务单位积极开发适应新一代互联网和移动通信特点的新业务,为移动多媒体、多媒体网站生产积极健康的视听节目,努力提高互联网视听节目的供给能力;鼓励影视生产基地、电视节目制作单位多生产适合在网上传播的影视剧(片)、娱乐节目,积极发展民族网络影视产业;鼓励互联网视听节目服务单位传播公益性视听节目。

互联网视听节目服务单位应当遵守著作权法律、行政法规的规定,采取版权保护措施,保护著作权人的合法权益。

第十六条　互联网视听节目服务单位提供的、网络运营单位接入的视听节目应当符合法律、行政法规、部门规章的规定。已播出的视听节目应至少完整保留60日。视听节目不得含有以下内容:

（一）反对宪法确定的基本原则的;

（二）危害国家统一、主权和领土完整的;

（三）泄露国家秘密、危害国家安全或者损害国家荣誉和利益的;

（四）煽动民族仇恨、民族歧视,破坏民族团结,或者侵害民族风俗、习惯的;

（五）宣扬邪教、迷信的;

（六）扰乱社会秩序,破坏社会稳定的;

（七）诱导未成年人违法犯罪和渲染暴力、色情、赌博、恐怖活动的;

（八）侮辱或者诽谤他人,侵害公民个人隐私等他人合法权益的;

（九）危害社会公德,损害民族优秀文化传统的;

（十）有关法律、行政法规和国家规定禁止的其他内容。

第十七条　用于互联网视听节目服务的电影电视剧类节目和其他节目,应当符合国家有关广播电影电视节目的管理规定。互联网视听节目服务单位播出时政类视听新闻节目，应当是地（市）级以上广播电台、电视台制作、播出的节目和中央新闻单位网站登载的时政类视听新闻节目。

未持有"许可证"的单位不得为个人提供上载传播视听节目服务。互联网视听节目服务单位不得允许个人上载时政类视听新闻节目，在提供播客、视频分享等上载传播视听节目服务时，应当提示上载者不得上载违反本规定的视听节目。任何单位和个人不得转播、链接、聚合、集成非法的广播电视频道、视听节目网站的节目。

第十八条 广播电影电视主管部门发现互联网视听节目服务单位传播违反本规定的视听节目，应当采取必要措施予以制止。互联网视听节目服务单位对含有违反本规定内容的视听节目，应当立即删除，并保存有关记录，履行报告义务，落实有关主管部门的管理要求。

互联网视听节目服务单位主要出资者和经营者应对播出和上载的视听节目内容负责。

第十九条 互联网视听节目服务单位应当选择依法取得互联网接入服务电信业务经营许可证或广播电视节目传送业务经营许可证的网络运营单位提供服务；应当依法维护用户权利，履行对用户的承诺，对用户信息保密，不得进行虚假宣传或误导用户、做出对用户不公平不合理的规定、损害用户的合法权益；提供有偿服务时，应当以显著方式公布所提供服务的视听节目种类、范围、资费标准和时限，并告知用户中止或者取消互联网视听节目服务的条件和方式。

第二十条 网络运营单位提供互联网视听节目信号传输服务时，应当保障视听节目服务单位的合法权益，保证传输安全，不得擅自插播、截留视听节目信号；在提供服务前应当查验视听节目服务单位的"许可证"或备案证明材料，按照"许可证"载明事项或备案范围提供接入服务。

第二十一条 广播电影电视和电信主管部门应建立公众监督举报制度。公众有权举报视听节目服务单位的违法违规行为，有关主管部门应当及时处理，不得推诿。广播电影电视、电信等监督管理部门发现违反本规定的行为，不属于本部门职责的，应当移交有权处理的部门处理。

电信主管部门应当依照国家有关规定向广播电影电视主管部门提供必要的技术系统接口和网站数据查询资料。

第二十二条 广播电影电视主管部门依法对互联网视听节目服务单位进行实地检查，有关单位和个人应当予以配合。广播电影电视主管部门工作人员依法进行实地检查时应当主动出示有关证件。

第二十三条 违反本规定有下列行为之一的，由县级以上广播电影电视主管部门予以警告、责令改正，可并处 3 万元以下罚款；同时，可对其主要出资者和经营者予以警告，可并处 2 万元以下罚款：

（一）擅自在互联网上使用广播电视专有名称开展业务的；

（二）变更注册资本、股东、股权结构，或上市融资，或重大资产变动时，未办理审批手续的；

（三）未建立健全节目运营规范，未采取版权保护措施，或对传播有害内容未履行提示、删除、报告义务的；

（四）未在播出界面显著位置标注播出标识、名称、"许可证"和备案编号的；

（五）未履行保留节目记录、向主管部门如实提供查询义务的；

（六）向未持有"许可证"或备案的单位提供代收费及信号传输、服务器托管等与互联网视听节目服务有关的服务的；

（七）未履行查验义务，或向互联网视听节目服务单位提供其"许可证"或备案载明事项范围以外的接入服务的；

（八）进行虚假宣传或者误导用户的；

（九）未经用户同意，擅自泄露用户信息秘密的；

（十）互联网视听服务单位在同一年度内三次出现违规行为的；

（十一）拒绝、阻挠、拖延广播电影电视主管部门依法进行监督检查或者在监督检查过程中弄虚作假的；

（十二）以虚假证明、文件等手段骗取"许可证"的。

有本条第十二项行为的，发证机关应撤销其许可证。

第二十四条 擅自从事互联网视听节目服务的，由县级以上广播电影电视主管部门予以警告、责令改正，可并处 3 万元以下罚款；情节严重的，根据《广播电视管理条例》第四十七条的规定予以处罚。

传播的视听节目内容违反本规定的，由县级以上广播电影电视主管部门予以警告、责令改正，可并处 3 万元以下罚款；情节严重的，根据《广播电视管理条例》第四十九条的规定予以处罚。

未按照许可证载明或备案的事项从事互联网视听节目服务的或违规播出时政类视听新闻节目的，由县级以上广播电影电视主管部门予以警告、责令改正，可并处 3 万元以下罚款；情节严重的，根据《广播电视管理条例》第五十条之规定予以处罚。

转播、链接、聚合、集成非法的广播电视频道和视听节目网站内容的，擅自插播、截留视听节目信号的，由县级以上广播电影电视主管部门予以警告、责令改正，可并处 3 万元以下罚款；情节严重的，根据《广播电视管理条例》第五十一条之规定予以处罚。

第二十五条　对违反本规定的互联网视听节目服务单位，电信主管部门应根据广播电影电视主管部门的书面意见，按照电信管理和互联网管理的法律、行政法规的规定，关闭其网站，吊销其相应许可证或撤销备案，责令为其提供信号接入服务的网络运营单位停止接入；拒不执行停止接入服务决定，违反《电信条例》第五十七条规定的，由电信主管部门依据《电信条例》第七十八条的规定吊销其许可证。

违反治安管理规定的，由公安机关依法予以处罚；构成犯罪的，由司法机关依法追究刑事责任。

第二十六条　广播电影电视、电信等主管部门不履行规定的职责，或滥用职权的，要依法给予有关责任人处分，构成犯罪的，由司法机关依法追究刑事责任。

第二十七条　互联网视听节目服务单位出现重大违法违规行为的，除按有关规定予以处罚外，其主要出资者和经营者自互联网视听节目服务单位受到处罚之日起 5 年内不得投资和从事互联网视听节目服务。

第二十八条　通过互联网提供视音频即时通讯服务，由国务院信息产业主管部门按照国家有关规定进行监督管理。

利用局域网络及利用互联网架设虚拟专网向公众提供网络视听节目服务，须向行业主管部门提出申请，由国务院信息产业主管部门前置审批，国务院广播电影电视主管部门审核批准，按照国家有关规定进行监督管理。

第二十九条　本规定自 2008 年 1 月 31 日起施行。此前发布的规定与本规定不一致之处，依本规定执行。

互联网直播服务管理规定

第一条　为加强对互联网直播服务的管理，保护公民、法人和其他组织的合法权益，维护国家安全和公共利益，根据《全国人民代表大会常务委员会关于加强网络信息保护的决定》《国务院关于授权国家互联网信息办公室负责互联网信息内容管理工作的通知》《互联网信息服务管理办法》和《互联网新闻信息服务管理规定》，制定本规定。

第二条　在中华人民共和国境内提供、使用互联网直播服务，应当遵守本规定。

本规定所称互联网直播，是指基于互联网，以视频、音频、图文等形式向公众持续发布实时信息的活动；本规定所称互联网直播服务提供者，是指提供互联网直播平台服务的主体；本规定所称互联网直播服务使用者，包括互联网直播发布者和用户。

第三条　提供互联网直播服务，应当遵守法律法规，坚持正确导向，大力弘扬社会主义核心价值观，培育积极健康、向上向善的网络文化，维护良好网络生态，维护国家利益和公共利益，为广大网民特别是青少年成长营造风清气正的网络空间。

第四条　国家互联网信息办公室负责全国互联网直播服务信息内容的监督管理执法工作。地方互联网信息办公室依据职责负责本行政区域内的互联网直播服务信息内容的监督管理执法工作。国务院相关管理部门依据职责对互联网直播服务实施相应监督管理。

各级互联网信息办公室应当建立日常监督检查和定期检查相结合的监督管理制度，指导督促互联网直播服务提供者依据法律法规和服务协议规范互联网直播服务行为。

第五条　互联网直播服务提供者提供互联网新闻信息服务的，应当依法取得互联网新闻信息服务资质，并在许可范围内开展互联网新闻信息服务。

开展互联网新闻信息服务的互联网直播发布者，应当依法取得互联网新闻信息服务资质并在许可范围内提供服务。

第六条　通过网络表演、网络视听节目等提供互联网直播服务的，还应当依法取得法律法规规定的相关资质。

第七条　互联网直播服务提供者应当落实主体责任，配备与服务规模相适应的专业人员，健全信息审核、信息安全管理、值班巡查、应急处置、技术保障等制度。提供互联网新闻信息直播服务的，应当设立总编辑。

互联网直播服务提供者应当建立直播内容审核平台，根据互联网直播的内容类别、用户规模等实施分级分类管理，对图文、视频、音频等直播内容加注或播报平台标识信息，对互联网新闻信息直播及其互动内容实施先审后发管理。

第八条　互联网直播服务提供者应当具备与其服务相适应的技术条件，应当具备即时阻断互联网直播的技术能力，技术方案应符合国家相关标准。

第九条　互联网直播服务提供者以及互联网直播服务使用者不得利用互联网直播服务从事危害国家安全、破坏社会稳定、扰乱社会秩序、侵犯他人合法权益、传播淫秽色情等法律法规禁止的活动，不得利用互联网直播服务制作、复制、发布、传播法律法规禁止的信息内容。

第十条　互联网直播发布者发布新闻信息，应当真实准确、客观公正。转载新闻信息应当完整准确，不得歪曲新闻信息内容，并在显著位置注明来源，保证新闻信息来源可追溯。

第十一条　互联网直播服务提供者应当加强对评论、弹幕等直播互动环节的实时管理，配备相应管理人员。

互联网直播发布者在进行直播时，应当提供符合法律法规要求的直播内容，自觉维护直播活动秩序。

用户在参与直播互动时，应当遵守法律法规，文明互动，理性表达。

第十二条　互联网直播服务提供者应当按照"后台实名、前台自愿"的原则，对互联网直播用户进行基于移动电话号码等方式的真实身份信息认证，对互联网直播发布者进行基于身份证件、营业执照、组织机构代码证等的认证登记。互联网直播服务提供者应当对互联网直播发布者的真实身份信息进行审核，向所在地省、自治区、直辖市互联网信息办公室分类备案，并在相关执法部门依法查询时予以提供。

互联网直播服务提供者应当保护互联网直播服务使用者身份信息和隐私，不得泄露、篡改、毁损，不得出售或者非法向他人提供。

第十三条　互联网直播服务提供者应当与互联网直播服务使用者签订服务协议，明确双方权利义务，要求其承诺遵守法律法规和平台公约。

互联网直播服务协议和平台公约的必备条款由互联网直播服务提供者所在地省、自治区、直辖市互联网信息办公室指导制定。

第十四条　互联网直播服务提供者应当对违反法律法规和服务协议的互联网直播服务使用者，视情采取警示、暂停发布、关闭账号等处置措施，及时消除违法违规直播信息内容，保存记录并向有关主管部门报告。

第十五条　互联网直播服务提供者应当建立互联网直播发布者信用等级管理体系，提供与信用等级挂钩的管理和服务。

互联网直播服务提供者应当建立黑名单管理制度，对纳入黑名单的互联网直播服务使用者禁止重新注册账号，并及时向所在地省、自治区、直辖市互联网信息办公室报告。

省、自治区、直辖市互联网信息办公室应当建立黑名单通报制度，并向国家互联网信息办公室报告。

第十六条　互联网直播服务提供者应当记录互联网直播服务使用者发布内容和日志信息，保存六十日。

互联网直播服务提供者应当配合有关部门依法进行的监督检查，并提供必要的文件、资料和数据。

第十七条　互联网直播服务提供者和互联网直播发布者未经许可或者超出许可范围提供互联网新闻信息服务的，由国家和省、自治区、直辖市互联网信息办公室依据《互联网新闻信息服务管理规定》予以处罚。

对于违反本规定的其他违法行为，由国家和地方互联网信息办公室依据职责，依法予以处罚；构成犯罪的，依法追究刑事责任。通过网络表演、网络视听节目等提供网络直播服务，违反有关法律法规的，由相关部门依法予以处罚。

第十八条　鼓励支持相关行业组织制定行业公约，加强行业自律，建立健全行业信用评价体系和服务评议制度，促进行业规范发展。

第十九条　互联网直播服务提供者应当自觉接受社会监督，健全社会投诉举报渠道，设置便捷的投诉举报入口，及时处理公众投诉举报。

第二十条　本规定自2016年12月1日起施行。

网络直播营销管理办法（试行）

第一章 总 则

第一条 为加强网络直播营销管理，维护国家安全和公共利益，保护公民、法人和其他组织的合法权益，促进网络直播营销健康有序发展，根据《中华人民共和国网络安全法》《中华人民共和国电子商务法》《中华人民共和国广告法》《中华人民共和国反不正当竞争法》《网络信息内容生态治理规定》等法律、行政法规和国家有关规定，制定本办法。

第二条 在中华人民共和国境内，通过互联网站、应用程序、小程序等，以视频直播、音频直播、图文直播或多种直播相结合等形式开展营销的商业活动，适用本办法。

本办法所称直播营销平台，是指在网络直播营销中提供直播服务的各类平台，包括互联网直播服务平台、互联网音视频服务平台、电子商务平台等。

本办法所称直播间运营者，是指在直播营销平台上注册账号或者通过自建网站等其他网络服务，开设直播间从事网络直播营销活动的个人、法人和其他组织。

本办法所称直播营销人员，是指在网络直播营销中直接向社会公众开展营销的个人。

本办法所称直播营销人员服务机构，是指为直播营销人员从事网络直播营销活动提供策划、运营、经纪、培训等的专门机构。

从事网络直播营销活动，属于《中华人民共和国电子商务法》规定的"电子商务平台经营者"或"平台内经营者"定义的市场主体，应当依法履行相应的责任和义务。

第三条 从事网络直播营销活动，应当遵守法律法规，遵循公序良俗，遵守商业道德，坚持正确导向，弘扬社会主义核心价值观，营造良好网络生态。

第四条 国家网信部门和国务院公安、商务、文化和旅游、税务、市场监督管理、广播电视等有关主管部门建立健全线索移交、信息共享、会商研判、教育培训等工作机制,依据各自职责做好网络直播营销相关监督管理工作。

县级以上地方人民政府有关主管部门依据各自职责做好本行政区域内网络直播营销相关监督管理工作。

第二章 直播营销平台

第五条 直播营销平台应当依法依规履行备案手续,并按照有关规定开展安全评估。

从事网络直播营销活动,依法需要取得相关行政许可的,应当依法取得行政许可。

第六条 直播营销平台应当建立健全账号及直播营销功能注册注销、信息安全管理、营销行为规范、未成年人保护、消费者权益保护、个人信息保护、网络和数据安全管理等机制、措施。

直播营销平台应当配备与服务规模相适应的直播内容管理专业人员,具备维护互联网直播内容安全的技术能力,技术方案应符合国家相关标准。

第七条 直播营销平台应当依据相关法律法规和国家有关规定,制定并公开网络直播营销管理规则、平台公约。

直播营销平台应当与直播营销人员服务机构、直播间运营者签订协议,要求其规范直播营销人员招募、培训、管理流程,履行对直播营销内容、商品和服务的真实性、合法性审核义务。

直播营销平台应当制定直播营销商品和服务负面目录,列明法律法规规定的禁止生产销售、禁止网络交易、禁止商业推销宣传以及不适宜以直播形式营销的商品和服务类别。

第八条 直播营销平台应当对直播间运营者、直播营销人员进行基于身份证件信息、统一社会信用代码等真实身份信息认证,并依法依规向税务机关报送身份信息和其他涉税信息。直播营销平台应当采取必要措施保障处理的个人信息安全。

直播营销平台应当建立直播营销人员真实身份动态核验机制,在直播前核验所有直播营销人员身份信息,对与真实身份信息不符或按照国家有关规定不得从事网络直播发布的,不得为其提供直播发布服务。

第九条　直播营销平台应当加强网络直播营销信息内容管理,开展信息发布审核和实时巡查,发现违法和不良信息,应当立即采取处置措施,保存有关记录,并向有关主管部门报告。

直播营销平台应当加强直播间内链接、二维码等跳转服务的信息安全管理,防范信息安全风险。

第十条　直播营销平台应当建立健全风险识别模型,对涉嫌违法违规的高风险营销行为采取弹窗提示、违规警示、限制流量、暂停直播等措施。直播营销平台应当以显著方式警示用户平台外私下交易等行为的风险。

第十一条　直播营销平台提供付费导流等服务,对网络直播营销进行宣传、推广,构成商业广告的,应当履行广告发布者或者广告经营者的责任和义务。

直播营销平台不得为直播间运营者、直播营销人员虚假或者引人误解的商业宣传提供帮助、便利条件。

第十二条　直播营销平台应当建立健全未成年人保护机制,注重保护未成年人身心健康。网络直播营销中包含可能影响未成年人身心健康内容的,直播营销平台应当在信息展示前以显著方式作出提示。

第十三条　直播营销平台应当加强新技术新应用新功能上线和使用管理,对利用人工智能、数字视觉、虚拟现实、语音合成等技术展示的虚拟形象从事网络直播营销的,应当按照有关规定进行安全评估,并以显著方式予以标识。

第十四条　直播营销平台应当根据直播间运营者账号合规情况、关注和访问量、交易量和金额及其他指标维度,建立分级管理制度,根据级别确定服务范围及功能,对重点直播间运营者采取安排专人实时巡查、延长直播内容保存时间等措施。

直播营销平台应当对违反法律法规和服务协议的直播间运营者账号,视情采取警示提醒、限制功能、暂停发布、注销账号、禁止重新注册等处置措施,保存记录并向有关主管部门报告。

直播营销平台应当建立黑名单制度,将严重违法违规的直播营销人员及因违法失德造成恶劣社会影响的人员列入黑名单,并向有关主管部门报告。

第十五条　直播营销平台应当建立健全投诉、举报机制,明确处理流程和反馈期限,及时处理公众对于违法违规信息内容、营销行为投诉举报。

消费者通过直播间内链接、二维码等方式跳转到其他平台购买商品或者接受服务,发生争议时,相关直播营销平台应当积极协助消费者维护合法权益,提供必要的证据等支持。

第十六条　直播营销平台应当提示直播间运营者依法办理市场主体登记或税

务登记,如实申报收入,依法履行纳税义务,并依法享受税收优惠。直播营销平台及直播营销人员服务机构应当依法履行代扣代缴义务。

第三章 直播间运营者和直播营销人员

第十七条 直播营销人员或者直播间运营者为自然人的,应当年满十六周岁;十六周岁以上的未成年人申请成为直播营销人员或者直播间运营者的,应当经监护人同意。

第十八条 直播间运营者、直播营销人员从事网络直播营销活动,应当遵守法律法规和国家有关规定,遵循社会公序良俗,真实、准确、全面地发布商品或服务信息,不得有下列行为:

（一）违反《网络信息内容生态治理规定》第六条、第七条规定的;

（二）发布虚假或者引人误解的信息,欺骗、误导用户;

（三）营销假冒伪劣、侵犯知识产权或不符合保障人身、财产安全要求的商品;

（四）虚构或者篡改交易、关注度、浏览量、点赞量等数据流量造假;

（五）知道或应当知道他人存在违法违规或高风险行为,仍为其推广、引流;

（六）骚扰、诋毁、谩骂及恐吓他人,侵害他人合法权益;

（七）传销、诈骗、赌博、贩卖违禁品及管制物品等;

（八）其他违反国家法律法规和有关规定的行为。

第十九条 直播间运营者、直播营销人员发布的直播内容构成商业广告的,应当履行广告发布者、广告经营者或者广告代言人的责任和义务。

第二十条 直播营销人员不得在涉及国家安全、公共安全、影响他人及社会正常生产生活秩序的场所从事网络直播营销活动。

直播间运营者、直播营销人员应当加强直播间管理,在下列重点环节的设置应当符合法律法规和国家有关规定,不得含有违法和不良信息,不得以暗示等方式误导用户:

（一）直播间运营者账号名称、头像、简介;

（二）直播间标题、封面;

（三）直播间布景、道具、商品展示;

（四）直播营销人员着装、形象;

（五）其他易引起用户关注的重点环节。

第二十一条 直播间运营者、直播营销人员应当依据平台服务协议做好语音和视频连线、评论、弹幕等互动内容的实时管理，不得以删除、屏蔽相关不利评价等方式欺骗、误导用户。

第二十二条　直播间运营者应当对商品和服务供应商的身份、地址、联系方式、行政许可、信用情况等信息进行核验，并留存相关记录备查。

第二十三条　直播间运营者、直播营销人员应当依法依规履行消费者权益保护责任和义务，不得故意拖延或者无正当理由拒绝消费者提出的合法合理要求。

第二十四条　直播间运营者、直播营销人员与直播营销人员服务机构合作开展商业合作的，应当与直播营销人员服务机构签订书面协议，明确信息安全管理、商品质量审核、消费者权益保护等义务并督促履行。

第二十五条　直播间运营者、直播营销人员使用其他人肖像作为虚拟形象从事网络直播营销活动的，应当征得肖像权人同意，不得利用信息技术手段伪造等方式侵害他人的肖像权。对自然人声音的保护，参照适用前述规定。

第四章　监督管理和法律责任

第二十六条　有关部门根据需要对直播营销平台履行主体责任情况开展监督检查，对存在问题的平台开展专项检查。

直播营销平台对有关部门依法实施的监督检查，应当予以配合，不得拒绝、阻挠。直播营销平台应当为有关部门依法调查、侦查活动提供技术支持和协助。

第二十七条　有关部门加强对行业协会商会的指导，鼓励建立完善行业标准，开展法律法规宣传，推动行业自律。

第二十八条　违反本办法，给他人造成损害的，依法承担民事责任；构成犯罪的，依法追究刑事责任；尚不构成犯罪的，由网信等有关主管部门依据各自职责依照有关法律法规予以处理。

第二十九条　有关部门对严重违反法律法规的直播营销市场主体名单实施信息共享，依法开展联合惩戒。

第五章　附　　则

第三十条　本办法自 2021 年 5 月 25 日起施行。

网络表演经营活动管理办法

第一条 为切实加强网络表演经营活动管理，规范网络表演市场秩序，促进行业健康有序发展，根据《互联网信息服务管理办法》《互联网文化管理暂行规定》等有关法律法规，制定本办法。

第二条 本办法所称网络表演是指以现场进行的文艺表演活动等为主要内容，通过互联网、移动通讯网、移动互联网等信息网络，实时传播或者以音视频形式上载传播而形成的互联网文化产品。

网络表演经营活动是指通过用户收费、电子商务、广告、赞助等方式获取利益，向公众提供网络表演产品及服务的行为。

将网络游戏技法展示或解说的内容，通过互联网、移动通讯网、移动互联网等信息网络，实时传播或者以音视频形式上载传播的经营活动，参照本办法进行管理。

第三条 从事网络表演经营活动，应当遵守宪法和有关法律法规，坚持为人民服务、为社会主义服务的方向，坚持社会主义先进文化的前进方向，自觉弘扬社会主义核心价值观。

第四条 从事网络表演经营活动的网络表演经营单位，应当根据《互联网文化管理暂行规定》，向省级文化行政部门申请取得"网络文化经营许可证"，许可证的经营范围应当明确包括网络表演。网络表演经营单位应当在其网站主页的显著位置标明"网络文化经营许可证"编号。

第五条 网络表演经营单位对本单位开展的网络表演经营活动承担主体责任，应当按照《互联网文化管理暂行规定》和《网络文化经营单位内容自审管理办法》的有关要求，建立健全内容审核管理制度，配备满足自审需要并取得相应资质的审核人员，建立适应内容管理需要的技术监管措施。

不具备内容自审及实时监管能力的网络表演经营单位，不得开通表演频道。未采取监管措施或未通过内容自审的网络表演产品，不得向公众提供。

第六条 网络表演不得含有以下内容：

（一）含有《互联网文化管理暂行规定》第十六条规定的禁止内容的；

（二）表演方式恐怖、残忍、暴力、低俗，摧残表演者身心健康的；

（三）利用人体缺陷或者以展示人体变异等方式招徕用户的；

（四）以偷拍偷录等方式，侵害他人合法权益的；

（五）以虐待动物等方式进行表演的；

（六）使用未取得文化行政部门内容审查批准文号或备案编号的网络游戏产品，进行网络游戏技法展示或解说的。

第七条　网络表演经营单位应当加强对未成年人的保护，不得损害未成年人身心健康。有未成年人参与的网络表演，不得侵犯未成年人权益。

第八条　网络表演经营单位要加强对表演者的管理。为表演者开通表演频道的，应与表演者签订协议，约定双方权利义务，要求其承诺遵守法律法规和相关管理规定。

第九条　网络表演经营单位应当要求表演者使用有效身份证件进行实名注册，并采取面谈、录制通话视频等有效方式进行核实。网络表演经营单位应当依法保护表演者的身份信息。

第十条　网络表演经营单位为外国或者香港特别行政区、澳门特别行政区、台湾地区的表演者（以下简称境外表演者）开通表演频道并向公众提供网络表演产品的，应当于开通网络表演频道前，向文化和旅游部提出申请。未经批准，不得为境外表演者开通表演频道。为境内表演者开通表演频道的，应当于表演者开展表演活动之日起10日内，将表演频道信息向文化和旅游部备案。

第十一条　网络表演经营单位应当在表演频道内及表演音视频上，标注经营单位标识等信息。网络表演经营单位应当根据表演者信用等级、所提供的表演内容类型等，对表演频道采取针对性管理措施。

第十二条　网络表演经营单位应当完善用户注册系统，保存用户注册信息，积极采取措施保护用户信息安全。要依照法律法规规定或者服务协议，加强对用户行为的监督和约束，发现用户发布违法信息的，应当立即停止为其提供服务，保存有关记录并向有关部门报告。

第十三条　网络表演经营单位应当建立内部巡查监督管理制度，对网络表演进行实时监管。网络表演经营单位应当记录全部网络表演视频资料并妥善保存，资料保存时间不得少于60日，并在有关部门依法查询时予以提供。

网络表演经营单位向公众提供的非实时的网络表演音视频（包括用户上传的），应当严格实行先自审后上线。

第十四条　网络表演经营单位应当建立突发事件应急处置机制。发现本单位所提供的网络表演含有违法违规内容时，应当立即停止提供服务，保存有关记录，并立即向本单位注册地或者实际经营地省级文化行政部门或文化市场综合执法机构报告。

第十五条　网络表演经营单位应当在每季度第一个月月底前将本单位上季度的自审信息（包括实时监运情况、发现问题处置情况和提供违法违规内容的表演者信息等）报送文化和旅游部。

第十六条　网络表演经营单位应当建立健全举报系统，主动接受网民和社会监督。要配备专职人员负责举报受理，建立有效处理举报问题的内部联动机制。要在其网站主页及表演者表演频道页面的显著位置，设置"12318"全国文化市场举报网站链接按钮。

第十七条　文化和旅游部负责全国网络表演市场的监督管理，建立统一的网络表演警示名单、黑名单等信用监管制度，制定并发布网络表演审核工作指引等标准规范，组织实施全国网络表演市场随机抽查工作，对网络表演内容合法性进行最终认定。

第十八条　各级文化行政部门和文化市场综合执法机构要加强对网络表演市场的事中事后监管，重点实施"双随机一公开"。要充分利用网络文化市场执法协作机制，加强对辖区内网络表演经营单位的指导、服务和日常监管，制定随机抽查工作实施方案和随机抽查事项清单。县级以上文化行政部门或文化市场综合执法机构，根据查处情况，实施警示名单和黑名单等信用管理制度。及时公布查处结果，主动接受社会监督。

第十九条　网络表演行业的协会、自律组织等要主动加强行业自律，制定行业标准和经营规范，开展行业培训，推动企业守法经营。

第二十条　网络表演经营单位违反本办法第四条有关规定，从事网络表演经营活动未申请许可证的，由县级以上文化行政部门或者文化市场综合执法机构按照《互联网文化管理暂行规定》第二十一条予以查处；未按照许可证业务范围从事网络表演活动的，按照《互联网文化管理暂行规定》第二十四条予以查处。

第二十一条　网络表演经营单位提供的表演内容违反本办法第六条有关规定的，由县级以上文化行政部门或者文化市场综合执法机构按照《互联网文化管理暂行规定》第二十八条予以查处。

第二十二条　网络表演经营单位违反本办法第十条有关规定，为未经批准的表演者开通表演频道的，由县级以上文化行政部门或者文化市场综合执法机构按照《互联网文化管理暂行规定》第二十八条予以查处；逾期未备案的，按照《互联网文化管理暂行规定》第二十七条予以查处。

网络表演经营单位自 2017 年 3 月 15 日起，按照本办法第十条有关规定，通过全国文化市场技术监管与服务平台向文化和旅游部提交申请或备案。

第二十三条　网络表演经营单位违反本办法第十三条有关规定，未按规定保存网络表演视频资料的，按照《互联网文化管理暂行规定》第三十一条予以查处。

第二十四条　网络表演经营单位违反本办法第十四条有关规定的，由县级以上文化行政部门或者文化市场综合执法机构按照《互联网文化管理暂行规定》第三十条予以查处。

第二十五条　网络表演经营单位违反本办法第五条、第八条、第九条、第十一条、第十二条、第十三条、第十五条有关规定，未能完全履行自审责任的，由县级以上文化行政部门或者文化市场综合执法机构按照《互联网文化管理暂行规定》第二十九条予以查处。

第二十六条　通过信息网络实时在线传播营业性演出活动的，应当遵守《互联网文化管理暂行规定》、《营业性演出管理条例》及《营业性演出管理条例实施细则》的有关规定。

第二十七条　本办法自 2017 年 1 月 1 日起施行。

网络直播和短视频营销平台自律公约

第一章 总　　则

第一条　为促进直播和短视频营销业态的健康发展，引导网络市场营销活动更加规范，保护消费者合法权益，根据法律、法规、规章等有关规定，北京微播视界科技有限公司、北京快手科技有限公司和北京京东世纪信息技术有限公司共同倡导发起本自律公约。

第二条　倡议广大网络直播和短视频营销平台经营者加入本自律公约，积极促进行业自律，共同规范网络经营行为，维护消费者合法权益，营造良好网络市场环境。

第三条　本公约所称网络直播和短视频营销是指商业推广者在网络直播和短视频营销平台上，以发布直播和短视频内容等形式，向用户推广商家销售的商品或者服务的商业活动。网络直播和短视频营销平台经营者是指为网络直播和短视频营销活动提供直播和短视频技术服务的互联网信息服务提供者。

第四条　本公约遵循导向正确、诚实信用、信息真实、公平竞争、多元共治的原则。

第五条　网络直播和短视频营销平台主动接受政府监管、社会监督，遵守行业协会规范，在有关部门指导下，共同制定并签署本公约，构建良好社会共治格局。

第二章　平台自律条款

第六条　积极履行平台核验登记义务，依法对申请开通商品或者服务推广功能的商业推广者提供的身份、地址、联系方式、行政许可等信息进行登记，建立登记档案，积极采取技术措施进行核验，并定期核验更新。商业推广者的上述信息发生变化的，应当及时更新其信息，并向平台报备。

第七条　督促商业推广者落实身份信息公示义务，商业推广者应当在推广者主页显著位置持续公示主体相关信息或者链接标识。商业推广者为自然人的，应当公示该自然人在平台登记的所在省市的区县级所在地信息，自然人隶属网络直播营销主播服务机构的，应当同时公示服务机构的名称、地址信息。商业推广者为法人和非法人组织的，应当公示营业执照信息或者其他主体资格证明信息。上述公示信息发生变更的，商业推广者应当及时更新。

第八条　建立网络直播营销信息公示制度。商业推广者在网络直播和短视频营销平台上以直播形式推广商品或者服务的，应当以直播场次为单位，在虚拟直播场所以链接方式公示直播营销的商品或者服务名称，商品或者服务所属商家的姓名、名称，商家售后服务联系方式等真实信息；自然人商业推广者隶属网络直播营销主播服务机构的，应当同时公示服务机构名称。网络直播和短视频营销平台经营者在商业推广者主页设置至少一个月历史直播公示信息查询途径，为售后服务及消费维权提供支持。

第九条　遵循公开、公平、公正的原则，建立健全网络直播和短视频营销服务协议与行为规范，明确开通和关闭商品或者服务推广功能、商品服务质量、商业宣传推广、消费者权益保护、知识产权保护等方面的权利和义务，并持续公示服务协议与行为规范等信息，或者上述信息的链接标识。

第十条　制定平台禁止、限制营销的商品或者服务目录，明确禁止、限制营销的商品或者服务事项，督促商业推广者按照目录要求规范开展营销活动。

第十一条　网络直播和短视频营销活动中所发布的信息不得包含以下内容：

（一）反对宪法所确定的基本原则及违反国家法律、法规禁止性规定的；

（二）损害国家主权、统一和领土完整的；

（三）危害国家安全、泄露国家秘密以及损害国家荣誉和利益的；

（四）含有民族、种族、宗教、性别歧视的；

（五）散布谣言等扰乱社会秩序，破坏社会稳定的；

（六）淫秽、色情、赌博、迷信、恐怖、暴力或者教唆犯罪的；

（七）侮辱、诽谤、恐吓、涉及他人隐私等侵害他人合法权益的；

（八）危害未成年人身心健康的；

（九）其他危害社会公德或者民族优秀文化传统的。

第十二条　加强网络直播和短视频营销活动管理。商业推广者在营销活动中不得有以下违法或不当行为：

（一）为法律法规禁止售卖的商品和服务进行推广、营销；

（二）为应经许可或者批准但未获许可或者批准的商品和服务进行推广、营销；

（三）在推广、营销中引导脱离平台进行私下交易；

（四）以流量或者数据造假、虚构交易、编造用户评价等方式进行虚假或者引人误解的商业宣传，欺骗、误导消费者；

（五）在推广、营销中违反国家关于商业广告的相关管理规定，推广内容违背公序良俗。

第十三条　建立网络直播和短视频营销信息检查监控制度。发现商业推广者存在违法违规行为的，应当及时向有关主管部门报告，并采取必要处置措施。处置措施应当包括但不限于：

（一）对违法违规推广内容进行删除屏蔽；

（二）对开展违法违规宣传推广活动并造成一定不良后果的商业推广者账号做降权降级处理；

（三）对经核实存在严重违法违规行为的商业推广者予以清退、终止服务并及时进行跨平台信息通报。

第十四条　建立违法行为处置公示制度，对商业推广者违法违规行为采取必要处置措施的，应当在平台显著位置及时公示处置结果。

第十五条　记录保存平台上发布的直播和短视频营销信息及历史直播公示信息，确保信息的完整性、可用性。平台应根据自身实际情况，结合商品或者服务特性，制定营销信息及历史直播公示信息保存规则，确保保存方式和时限的合理性，从而保障消费者合法权益，维护网络直播和短视频营销行业市场秩序。

第十六条　建立商业推广者信用管理体系，建立信用评价奖惩机制，对违法违规的商业推广者实施信用惩戒，强化合规守信意识。信用评价奖惩机制应在平台内进行公示。

第十七条　加强开展网络直播和短视频营销活动的机构人员培训，督促网络直播营销主播服务机构和从业人员严格遵守法律、法规、相关规定和职业道德，加强考核及管控机制。

第十八条　完善对未成年人的保护机制，注重对未成年人身心健康的保护。

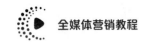

第三章　消费者权益保护

第十九条　建立便捷的投诉、举报机制，显著公示投诉、举报方式等信息，及时处理投诉、举报。

第二十条　明确争议处理规则，完善跨平台争议处理衔接机制，依法为消费者做好信息支持，积极协助消费者维护合法权益。

第二十一条　加强消费风险提示，在网络直播和短视频营销中，以显著方式向消费者提示跨平台的交易链接跳转去向，提醒消费者注意防范脱离平台进行私下交易的风险。

第二十二条　督促商家和商业推广者遵循公平诚信原则，遵守商业道德，按照网络直播和短视频营销活动中做出的承诺，落实七日无理由退货、商品服务质量保障等责任义务。

第四章　协同共治

第二十三条　积极配合有关部门对违法违规行为采取必要处置措施，建立联合应急响应机制，提供协查数据，配合协助执法，及时制止违法违规行为。

第二十四条　与自律公约成员单位合作建立联防联控工作机制，共享违法风险信息，防范跨平台违法风险。

第二十五条　与广告联盟平台、网络直播营销主播服务机构等关联主体建立违法信息共享机制，共同促进直播和短视频营销行业发展。

第五章　附　　则

第二十六条　本公约成员单位应充分尊重并自觉履行本公约各条款，加强信息共享和行业自治，维护行业整体利益。

第二十七条　本公约自 2020 年 10 月 1 日起生效。

网络音视频信息服务管理规定

第一条 为促进网络音视频信息服务健康有序发展，保护公民、法人和其他组织的合法权益，维护国家安全和公共利益，根据《中华人民共和国网络安全法》《互联网信息服务管理办法》《互联网新闻信息服务管理规定》《互联网文化管理暂行规定》《互联网视听节目服务管理规定》，制定本规定。

第二条 在中华人民共和国境内从事网络音视频信息服务，应当遵守本规定。

本规定所称网络音视频信息服务，是指通过互联网站、应用程序等网络平台，向社会公众提供音视频信息制作、发布、传播的服务。

网络音视频信息服务提供者，是指向社会公众提供网络音视频信息服务的组织或者个人。网络音视频信息服务使用者，是指使用网络音视频信息服务的组织或者个人。

第三条 各级网信、文化和旅游、广播电视等部门依据各自职责开展网络音视频信息服务的监督管理工作。

第四条 网络音视频信息服务提供者和使用者应当遵守宪法、法律和行政法规，坚持正确政治方向、舆论导向和价值取向，弘扬社会主义核心价值观，促进形成积极健康、向上向善的网络文化。

第五条 国家鼓励和指导互联网行业组织加强行业自律，建立健全网络音视频信息服务行业标准和行业准则，推动网络音视频信息服务行业信用体系建设，督促网络音视频信息服务提供者依法提供服务、接受社会监督，提高网络音视频信息服务从业人员职业素养，促进行业健康有序发展。

第六条 网络音视频信息服务提供者应当依法取得法律、行政法规规定的相关资质。

第七条 网络音视频信息服务提供者应当落实信息内容安全管理主体责任，配备与服务规模相适应的专业人员，建立健全用户注册、信息发布审核、信息安全管理、应急处置、从业人员教育培训、未成年人保护、知识产权保护等制度，具有与新技术新应用发展相适应的安全可控的技术保障和防范措施，有效应对网络安全事件，防范网络违法犯罪活动，维护网络数据的完整性、安全性和可用性。

第八条　网络音视频信息服务提供者应当依照《中华人民共和国网络安全法》的规定，对用户进行基于组织机构代码、身份证件号码、移动电话号码等方式的真实身份信息认证。用户不提供真实身份信息的，网络音视频信息服务提供者不得为其提供信息发布服务。

第九条　任何组织和个人不得利用网络音视频信息服务以及相关信息技术从事危害国家安全、破坏社会稳定、扰乱社会秩序、侵犯他人合法权益等法律法规禁止的活动，不得制作、发布、传播煽动颠覆国家政权、危害政治安全和社会稳定、网络谣言、淫秽色情，以及侵害他人名誉权、肖像权、隐私权、知识产权和其他合法权益等法律法规禁止的信息内容。

第十条　网络音视频信息服务提供者基于深度学习、虚拟现实等新技术新应用上线具有媒体属性或者社会动员功能的音视频信息服务，或者调整增设相关功能的，应当按照国家有关规定开展安全评估。

第十一条　网络音视频信息服务提供者和网络音视频信息服务使用者利用基于深度学习、虚拟现实等的新技术新应用制作、发布、传播非真实音视频信息的，应当以显著方式予以标识。

网络音视频信息服务提供者和网络音视频信息服务使用者不得利用基于深度学习、虚拟现实等的新技术新应用制作、发布、传播虚假新闻信息。转载音视频新闻信息的，应当依法转载国家规定范围内的单位发布的音视频新闻信息。

第十二条　网络音视频信息服务提供者应当加强对网络音视频信息服务使用者发布的音视频信息的管理，部署应用违法违规音视频以及非真实音视频鉴别技术，发现音视频信息服务使用者制作、发布、传播法律法规禁止的信息内容的，应当依法依约停止传输该信息，采取消除等处置措施，防止信息扩散，保存有关记录，并向网信、文化和旅游、广播电视等部门报告。

网络音视频信息服务提供者发现不符合本规定第十一条第一款要求的信息内容的，应当立即停止传输该信息，以显著方式标识后方可继续传输该信息。

第十三条　网络音视频信息服务提供者应当建立健全辟谣机制，发现网络音视频信息服务使用者利用基于深度学习、虚拟现实等的虚假图像、音视频生成技术制作、发布、传播谣言的，应当及时采取相应的辟谣措施，并将相关信息报网信、文化和旅游、广播电视等部门备案。

第十四条　网络音视频信息服务提供者应当在与网络音视频信息服务使用者签订的服务协议中，明确双方权利、义务，要求网络音视频信息服务使用者遵守本规定及相关法律法规。对违反本规定、相关法律法规及服务协议的网络音视频信息服务使用者依法依约采取警示整改、限制功能、暂停更新、关闭账号等处置措施，保存有关记录，并向网信、文化和旅游、广播电视等部门报告。

第十五条　网络音视频信息服务提供者应当自觉接受社会监督，设置便捷的投诉举报入口，公布投诉、举报方式等信息，及时受理并处理公众投诉举报。

第十六条　为网络音视频信息服务提供技术支持的主体应当遵守相关法律法规规定和国家标准规范，采取技术措施和其他必要措施，保障网络安全、稳定运行。

第十七条　各级网信、文化和旅游、广播电视等部门应当建立日常监督检查和定期检查相结合的监督管理制度，指导督促网络音视频信息服务提供者依据法律法规和服务协议规范网络音视频信息服务行为。

网络音视频信息服务提供者应当遵守相关法律法规规定，依法留存网络日志，配合网信、文化和旅游、广播电视等部门开展监督管理执法工作，并提供必要的技术、数据支持和协助。

第十八条　网络音视频信息服务提供者和网络音视频信息服务使用者违反本规定的，由网信、文化和旅游、广播电视等部门依照《中华人民共和国网络安全法》《互联网信息服务管理办法》《互联网新闻信息服务管理规定》《互联网文化管理暂行规定》《互联网视听节目服务管理规定》等相关法律法规规定处理；构成违反治安管理行为的，依法给予治安管理处罚；构成犯罪的，依法追究刑事责任。

第十九条　本规定自 2020 年 1 月 1 日起施行。

参考文献

[1] 魏剑锋,李孟娜,刘保平.电商直播中主播特性对消费者冲动购买意愿的影响[J].中国流通经济,2022,36(04):32-42.

[2] 陈品琪,殷彬.电商直播对消费者购买决策影响研究——以抖音直播为例[J].江苏商论,2022(03):29-32.

[3] 孙凯,刘鲁川,刘承林.情感视角下直播电商消费者冲动性购买意愿[J].中国流通经济,2022,36(01):33-42.

[4] 严丹,叶思愉.浅析直播带货的现状、问题与对策[J].商讯,2021(36):29-31.

[5] 魏琳,张翔.后疫情时代网络直播带货营销的现状、问题与反思[J].传媒,2021(22):85-87.

[6] 黄楚新.全面转型与深度融合:2020年中国媒体融合发展[J].现代传播(中国传媒大学学报),2021,43(08):9-14.

[7] 赵树梅,梁波.直播带货的特点、挑战及发展趋势[J].中国流通经济,2021,35(08):61-71.

[8] 张宝生,张庆普,赵辰光.电商直播模式下网络直播特征对消费者购买意愿的影响——消费者感知的中介作用[J].中国流通经济,2021,35(06):52-61.

[9] 苏瑶.电商平台网红直播带货的问题及对策研究[D].保定:河北大学,2021.

[10] 刘佳,邹韵婕,刘泽溪.基于SEM模型的电商直播中消费者购买意愿影响因素分析[J].统计与决策,2021,37(07):94-97.

[11] 梅傲,侯之帅."直播+"时代电商直播的规范治理[J].电子政务,2021(03):28-37.

[12] 王运武,王宇茹,洪俐,等.5G时代直播教育:创新在线教育形态[J].现代远程教育研究,2021,33(01):105-112.

[13] 傅泽.数字经济背景下电商直播农产品带货研究[J].农业经济,2021(01):

137-139.

[14] 梁一鸣. 关于直播带货模式的探究——以抖音直播为例[J]. 中国集体经济, 2021（01）: 10-11.

[15] 饶梦茹, 吴忠倩, 汤锐, 等. 新媒体时代下网络直播带货对消费者购买决策的影响因素分析[J]. 现代商贸工业, 2021, 42（01）: 56-58.

[16] 昝梦莹, 王征兵. 农产品电商直播: 电商扶贫新模式[J]. 农业经济问题, 2020（11）: 77-86.

[17] 田鑫鑫, 田晶晶. 电商直播中消费者购买意愿影响因素研究——以淘宝直播为例[J]. 科技与创新, 2020（20）: 4-8.

[18] 李晓夏, 赵秀凤. 直播助农: 乡村振兴和网络扶贫融合发展的农村电商新模式[J]. 商业经济研究, 2020（19）: 131-134.

[19] 韩箫亦, 许正良. 电商主播属性对消费者在线购买意愿的影响——基于扎根理论方法的研究[J]. 外国经济与管理, 2020, 42（10）: 62-75.

[20] 沈宝钢. 直播带货商业模式探析及其规范化发展[J]. 理论月刊, 2020（10）: 59-66.

[21] 钟涛. 直播电商的发展要素、动力及成长持续性分析[J]. 商业经济研究, 2020（18）: 85-88.

[22] 黄楚新, 吴梦瑶. 我国直播带货的发展状况、存在问题及优化路径[J]. 传媒, 2020（17）: 11-14.

[23] 周永生, 唐世华, 肖静. 电商直播平台消费者购买意愿研究——基于社会临场感视角[J]. 当代经济管理, 2021, 43（01）: 40-47.

[24] 纪曼, 卓翔芝. 基于SOR模型的电商网络直播环境下消费者购买意愿的影响因素[J]. 淮北师范大学学报（哲学社会科学版）, 2020, 41（04）: 49-57.

[25] 郭全中. 中国直播电商的发展动因、现状与趋势[J]. 新闻与写作, 2020（08）: 84-91.

[26] 郭红东, 曲江. 直播带货助农的可持续发展研究[J]. 人民论坛, 2020（20）: 74-76.

[27] 杨翠. 网红经济背景下的电商营销新模式——直播带货[D]. 广州: 暨南大学, 2020.

[28] 秦佳怡. 电商直播营销传播模式研究[D]. 上海: 华东师范大学, 2020.

[29] 王彤. 电商直播情境下消费者购买意愿研究[D]. 北京: 中央民族大学, 2020.

[30] 柴森. "直播带货"赋予下沉市场消费新动能[J]. 中国国情国力, 2020（03）:

12-14.

[31] 张运晓. 全媒体背景下的沂蒙红色文化传播研究 [D]. 济南：山东师范大学，2019.

[32] 梁芷璇. 电商直播的传播特征、问题及对策研究 [D]. 兰州：兰州财经大学，2019.

[33] 姜佳奇. 网红经济下直播对消费者购买决策的影响因素分析 [D]. 北京：北京邮电大学，2019.

[34] 饶俊思. 电商直播营销应用及发展策略研究 [D]. 南京：南京师范大学，2019.

[35] 金曙. 从慢直播实践看视频直播生态的融合与创新 [J]. 上海广播电视研究，2019（01）：106-111.

[36] 丁美玲."网红+直播+电商"模式下影响消费者购买行为研究 [J]. 中国市场，2018（16）：148-149.

[37] 张军. 电商直播平台的现状及发展策略研究 [D]. 长春：长春工业大学，2018.

[38] 马春娜. 基于网络直播的品牌营销传播研究 [D]. 锦州：渤海大学，2017.

[39] 徐萌. 媒介融合背景下我国电视新闻的创新研究 [D]. 吉林：吉林大学，2017.

[40] 王娇. 论媒体融合视野下县级电视台的发展之路 [D]. 重庆：西南大学，2017.

[41] 吴小飞. 网红经济的内容生产研究 [D]. 合肥：安徽大学，2017.

[42] 杨保达. 全媒体时代电视财经新闻生产研究：以第一财经频道为例 [D]. 上海：复旦大学，2013.

[43] 林海. 新媒体营销 [M]. 北京：高等教育出版社，2019.

[44] 刘滢. 国际传播：全媒体生产链重构 [M]. 北京：新华出版社，2016.

[45] 胡正荣，黄楚新. 新媒体蓝皮书：中国新媒体发展报告（2022）[M]. 北京：社会科学文献出版社，2022.

[46] 彭兰. 新媒体用户研究：节点化、媒介化、赛博格化的人 [M]. 北京：中国人民大学出版社，2020.

[47] 成栋，王振山，孙永波. 直播带货的本质：是颠覆式创新还是对传统电商模式的扩展 [J]. 商业经济研究，2021（05）：86-89.

[48] 姚林青，虞海侠. 直播带货的繁荣与乱象 [J]. 人民论坛，2020（25）：85-87.

[49] 刘林灏. 浅析全媒体传播体系建设与创新途径 [J]. 新闻传播，2022（16）：97-98.

[50] 刘欣. 全媒体时代精彩直播的构思和呈现 [J]. 全媒体探索，2022（06）：74-

75.

[51] 罗永攀.全媒体时代公共危机和突发事件传播的困局与破局[J].新闻研究导刊,2021（21）：153-155.

[52] 刘圣钰.全媒体时代传统媒体与新媒体的深度融合探析[J].新闻前哨, 2022（06）：43-44.

[53] 张峰.自媒体时代下的网红经济[J].理财,2021（06）：94-96.

[54] 陶沁,玉陈思.基于全媒体信息传播模式矩阵的直播类KOL研究——以李佳琦为例[J].中国商论,2022（01）：51-53.

[55] 韩雪莹.电商直播中KOL传播模式的共性探讨与差异比较[J].科技传播,2020（15）：170-171.

[56] 焦晓军.全媒体时代背景下广播新闻直播节目的创新策略探究[J].西部广播电视,2021,42（19）：44-46.

[57] 李晓桃.全媒体直播联动机制探析[J].青年记者,2020（30）：77-78.

[58] 王嘉政,葛松莹.全媒体语境下"直播+教育"的市场现状及前景分析[J].传播力研究,2018（21）：1-3.

[59] 胡恺祎.直播营销背景下的经济效率和公平研究[J].中国商论,2022（17）：23-30.

[60] 胡恺祎.网红直播与品牌直播对消费者行为影响的差异性研究[J].商业经济研究,2022（13）：43-49.

[61] 钟涛.直播电商的发展要素、动力及成长持续性分析[J].商业经济研究,2020（18）：85-88.

[62] 周振宇.直播带货问题分析及建议[J].中国商论,2022（13）：63-65.

[63] 杨珩.直播带货的营销模式及发展策略研究——以淘宝直播为例[J].中国市场,2022（19）：127-129.

[64] 徐汐扬,胡永铨.直播带货"翻车"的归因分析与消费者情绪补偿策略研究[J].中国商论,2022（12）：30-33.

[65] 刘芹,肖福明.直播电商合作治理的演化博弈研究[J].物流科技,2022（03）：63-67.

[66] 李哲,张田田.关键意见领袖对Z世代冲动性购买行为的影响[J].商业经济研究,2022（04）：89-92.

[67] 马红军.网络直播带货的现状及发展趋势[J].商场现代化,2022（03）：6-8.

[68] 黄炜,王珊珊,戴辛宇.直播电商用户购买行为影响因素研究[J].知识管理论坛,2021(06):315-326.

[69] 赵文昊.新媒体发展环境下电商网络平台带货创新突破探究[J].现代商业,2021(33):88-90.

[70] 黄博文.融媒体下"电商+直播"模式发展策略研究[J].现代商业,2022(02):15-17.

[71] 高宇.新媒体营销的策略优化研究——以公众人物直播带货行为为例[J].商展经济,2022(17):51-53.

[72] 钟娜娜.关于新媒体营销的思考[J].中国市场,2022(20):140-142.

[73] 张威.新媒体营销整合运作模式研究[J].商场现代化,2022(13):40-42.

[74] 刘燕.网民情绪表达对企业新媒体营销策略改革的影响[J].现代商业,2022(11):12-14.

[75] 庞体慧.大数据时代下全媒体营销路径创新研究[J].中国高新科技,2021(05):98-99.

[76] 郭朝社.互联网时代的新媒体营销方略[J].营销界,2021(C7):14-16.

后　　记

全媒体直播是全媒体营销的主要表现形式。随着互联网技术的快速发展，直播用户规模持续上升，直播行业拥有着巨大的市场发展空间。

本书主要对全媒体直播的来龙去脉进行了深入剖析，从直播的历史、直播在各细分市场中的表现、追捧直播的受众，到直播超强的销售能力和独特的营销模式，将直播这个市场中的新锐势力以不同的角度展现在大家的面前。

参与《全媒体营销教程》的编者，除了从事营销专业教学多年的学者，还有经验丰富的自媒体直播达人。本书为入门级教材，编写团队力求在系统的理论框架下，用鲜活的案例呈现出直播在市场中旺盛的生命力，以期有针对性地解释相关知识点。

在本书的编写过程中，感谢编委会各位专家们的辛勤指导，特别感谢吴俊超、范文琼老师的悉心指导与大力支持。感谢为此书出版而默默奉献的老师们，感谢华中科技大学出版社对本书的出版给予的帮助。

张凌云
2023 年 8 月